Gestão ambiental empresarial

Central de Qualidade – FGV Online
ouvidoria@fgv.br

Publicações  FGV Online

COLEÇÃO GESTÃO SOCIOAMBIENTAL

Gestão ambiental empresarial

Ricardo Luiz Peixoto de Barros

EDITORA
IDE
• online

Copyright © 2013 Ricardo Luiz Peixoto de Barros

Direitos desta edição reservados à
EDITORA FGV
Rua Jornalista Orlando Dantas, 37
22231-010 – Rio de Janeiro, RJ – Brasil
Tels.: 0800-021-7777 – 21 3799-4427
Fax: 21 3799-4430
editora@fgv.br – pedidoseditora@fgv.br
www.fgv.br/editora

Impresso no Brasil/*Printed in Brazil*

Todos os direitos reservados. A reprodução não autorizada desta publicação, no todo ou em parte, constitui violação do copyright (Lei nº 9.610/98).

Os conceitos emitidos neste livro são de inteira responsabilidade do autor.

1ª edição – 2013

Preparação de originais: Clarissa Martins Luz
Editoração eletrônica: FGV Online
Revisão: Beatriz Sobral Monteiro, Milena Clemente de Moraes e Aleidis de Beltran.
Capa: Aspectos
Imagem da capa: © Flynt | Dreamstime.com

Barros, Ricardo Luiz Peixoto de
    Gestão ambiental empresarial / Ricardo Luiz Peixoto de Barros. Rio de Janeiro: Editora FGV, 2013.
    208 p. – (Gestão socioambiental (FGV Online))

    Publicações FGV Online.
    Inclui autoavaliações, vocabulário e bibliografia comentada.
    ISBN: 978-85-225-1341-3

    1. Desenvolvimento sustentável. 2. Responsabilidade social da empresa. I. FGV Online. II. Fundação Getulio Vargas. III. Título. IV. Série.

                                                  CDD – 658.408

Para Wally, como tudo.

SUMÁRIO

Apresentação	13
Publicações FGV Online	15
Introdução	19
Módulo I – Desenvolvimento sustentável	21
Antecedentes e perspectivas	24
Mudanças perceptuais	24
Ecoeficiência	24
Sustentabilidade global	25
Objetivos das políticas ambientais e desenvolvimentistas	25
Empresa sustentável	26
Universo empresarial	26
Criação de valor para o acionista	27
Desafios	29
Primeiro desafio	29
Segundo desafio	29
Terceiro desafio	30
Quarto desafio	30
Visão corporativa	31
Diálogo e parceria	31
Mundo tripolar	31
Movimentos ambientalistas	32
Soluções técnicas	32
Transformação dos modelos dos negócios	33
Stakeholders	33
Tipos de *stakeholders*	33
Impacto dos *stakeholders*	34
Organizações internacionais	34
Sociedade local	36

Empregados	38
Imprensa	38
Consumidores	39
Governos	40
Investidores	41
Relações da empresa com os *stakeholders*	42
Indicadores de desenvolvimento sustentável	43
Origem	43
Utilização de indicadores	43
Estabelecimento de metas	44
Tipos de indicadores	44
Aplicações dos indicadores	45
Seleção dos indicadores	48
Aperfeiçoamento dos indicadores	49
Autoavaliações	**51**
Módulo II – Gestão ambiental	**57**
Mudanças ambientais	60
Aquecimento global	60
Destruição da camada de ozônio	60
Alterações climáticas	62
Alterações globais	62
Desastres	64
Denúncias	65
Era do clima e da energia	66
Mudanças climáticas e as Conferências do Clima da ONU	66
COP 15	67
COP 16	67
COP 17	68
COP 18	69
Acordo de Copenhague	70
Floresta em pé	71
Mudanças e negociações	74
Negociações para COP 16	74
Metas de redução dos GEEs	74
Fast money	76

REDD	76
Auditoria internacional	77
Acordos multilaterais	77
Evolução dos acordos multilaterais	77
Convenção de Viena	78
Protocolo de Montreal	78
Prozon	79
Diversidade biológica	79
Rio+20	80
Dimensões da gestão ambiental	82
Impactos ambientais	83
Gestão ambiental regional	83
Iniciativas nacional e local	86
Instrumentos de políticas	86
Gestão ambiental empresarial	88
Problemas ambientais	88
Controle da poluição	89
Prevenção da poluição	90
Redução da poluição	90
Passivo ambiental	91
Produção Mais Limpa	92
Autoavaliações	**95**
Módulo III – Sistemas de gestão ambiental	**101**
Práticas sustentáveis	104
Conceituação	104
Sistema de gestão ambiental	104
Política ambiental	105
Modelos internacionais	105
Câmara de Comércio Internacional	105
Sistema Comunitário de Ecogestão e Auditoria	107
Processo de melhoria contínua	108
Normas ISO 14000	109
ISO	109
Estudo das questões ambientais	110
Constituição das normas ISO	110

Normas NBR ISO	114
Aplicação da NBR ISO	114
Certificação	116
Avaliação ambiental inicial	117
Política ambiental	118
Aspecto ambiental	119
Requisitos legais e objetivos	120
Programa de gestão ambiental	120
Estrutura e responsabilidade	121
Treinamento	121
Comunicação	122
Documentação	122
Controle de documentos	123
Controle operacional	123
Atendimento a emergências	124
Monitoramento e medição	125
Registros	125
Auditoria ambiental	126
Análise crítica pela administração	127
Certificação ISO 14000	127
Avaliação do ciclo de vida	128
Perfil ambiental e socioeconômico	129
Representação da ACV	130
Vantagens da ACV	131
ACV e normas NBR ISO	131
Limitações	132
Rótulos ambientais	133
Origem	133
Blue Angel	133
Green Seal	134
Ecolabel	134
ABNT	135
Normas ISO para rotulagem ambiental	135
Classificação dos rótulos ambientais	136
Programa Brasileiro de Rotulagem Ambiental	137
Autoavaliações	**139**

Vocabulário	145
Autoavaliações – Gabaritos e comentários	179
Módulo I – Desenvolvimento sustentável	181
Módulo II – Gestão ambiental	187
Módulo III – Sistemas de gestão ambiental	193
Bibliografia comentada	199
Autor	201
FGV Online	203

Apresentação

Este livro faz parte das Publicações FGV Online, programa de educação a distância da Fundação Getulio Vargas (FGV).

A FGV é uma instituição de direito privado, sem fins lucrativos, fundada, em 1944, com o objetivo de ser um centro voltado para o desenvolvimento intelectual do país, reunindo escolas de excelência e importantes centros de pesquisa e documentação focados na economia, na administração pública e privada, bem como na história do Brasil.

Em todos esses anos de existência, a FGV vem gerando e transmitindo conhecimentos, prestando assistência técnica às organizações e contribuindo para um Brasil sustentável e competitivo no cenário internacional.

Com espírito inovador, o FGV Online, desde sua criação, marca o início de uma nova fase dos programas de educação continuada da Fundação Getulio Vargas, atendendo não só aos estudantes de graduação e pós-graduação, executivos e empreendedores, como também às universidades corporativas que desenvolvem projetos de *e-learning*, e oferecendo diversas soluções de educação a distância, como videoconferência, TV via satélite com IP, soluções *blended* e metodologias desenvolvidas conforme as necessidades de seus clientes e parceiros.

Desenvolvendo soluções de educação a distância a partir do conhecimento gerado pelas diferentes escolas da FGV – a Escola Brasileira de Administração Pública e de Empresas (Ebape), a Escola de Administração de Empresas de São Paulo (Eaesp), a Escola de Matemática Aplicada (EMAp), a Escola de Pós-Graduação em Economia (EPGE), a Escola de Economia de São Paulo (Eesp), o Centro de Pesquisa e Documentação de História Contemporânea do Brasil (Cpdoc), a Escola de Direito do Rio de Janeiro (Direito Rio), a Escola de Direito de São Paulo (Direito GV) e o Instituto Brasileiro de Economia (Ibre) –, o FGV Online é parte integrante do Instituto de Desenvolvimento Educacional (IDE), criado em 2003, com o objetivo de coordenar e gerenciar uma rede de distribuição única para os produtos e serviços educacionais produzidos pela FGV.

Visando atender às demandas de seu público-alvo, atualmente, o FGV Online disponibiliza:

- cursos de atualização via *web*, com conteúdos fornecidos por professores das diversas escolas da FGV;
- desenvolvimento e customização de cursos e treinamentos corporativos, via *web*, com conteúdos fornecidos pelo cliente ou desenvolvidos pela própria FGV;
- cursos e treinamentos semipresenciais estruturados simultaneamente com metodologias presencial e a distância;
- cursos e treinamentos disponibilizados por videoconferência, *webcasting* e TV via satélite com IP;
- TV corporativa;
- modelagem e gestão de universidades corporativas;
- jogos de negócios via internet;
- material didático multimídia – apostilas, vídeos, CD-ROMs.

Ciente da relevância dos materiais e dos recursos multimídia em cursos a distância, o FGV Online desenvolveu os livros que compõem as Publicações FGV Online – com foco específico em pós-graduação –, com a consciência de que eles ajudarão o leitor – que desejar ou não ingressar em uma nova e enriquecedora experiência de ensino-aprendizagem, a educação a distância (EAD) – a responder, com mais segurança, às mudanças tecnológicas e sociais de nosso tempo, bem como a suas necessidades e expectativas.

Prof. Rubens Mario Alberto Wachholz
Diretor do IDE

Prof. Stavros Panagiotis Xanthopoylos
Vice-diretor do IDE

Publicações FGV Online

Atualmente, a educação a distância (EAD) impõe-nos o desafio de navegar por um mar de tecnologias da informação e da comunicação (TICs) aptas a veicular mensagens em diferentes mídias.

Especificamente no que se refere à produção de conteúdos para EAD, independentemente da mídia a ser utilizada, vale ressaltar a importância de alguns princípios gerais. Um deles é a necessidade de o conteúdo apresentar integralidade, ou seja, estrutura coerente, objetiva e completa, já que, ao contrário da prática presencial, as "entrelinhas" do livro didático ou do arquivo *powerpoint* que subsidia as aulas não poderão ser preenchidas, em tempo real, pelo professor.

A modularidade também é muito importante: materiais modulares são alterados mais facilmente, em função do perfil do público-alvo ou de atualizações de conteúdo. Ademais, a modularidade também é uma importante estratégia para o aumento da escalabilidade da oferta de conteúdos em EAD, visto que a construção de unidades mínimas, autônomas e portáteis de conteúdo – os chamados objetos de aprendizagem (OAs) – favorece a criação de múltiplas combinações, que podem ser compartilhadas por diferentes sistemas de aprendizado.

Outro princípio inclui o planejamento de estratégias para atrair a participação dos estudantes que, em sua maioria, não estão acostumados à disciplina necessária ao autoestudo. Assim, é um erro acreditar que não precisemos investir – e muito – em práticas motivacionais na EAD. Por isso, participação e interação precisam ser estruturadas, por meio de jogos, atividades lúdicas, exemplos que favoreçam o desenvolvimento do pensamento dedutivo... donde a importância da simulação e da variedade para atender a motivações diversas, mantendo, assim, a atenção dos estudantes e diminuindo os índices de evasão na EAD.

Repetição e síntese também são princípios que não devem ser esquecidos. Ao mesmo tempo em que oferecem reforço, compensando distrações no ato de leitura – audição, visualização – dos conteúdos e limitações da memória, favorecem a fixação de informações.

Dentre todos esses princípios, entretanto, talvez o mais importante seja o padrão de linguagem utilizado. O caráter dialógico da linguagem – a interação – é um fator determinante da construção do conhecimento. Desse modo, a linguagem a ser empregada é aquela capaz de destacar a dimensão dialógica do ato comunicativo, e não diminuir a voz do estudante. O tom de conversação, portanto, deve ser preferido ao acadêmico. O uso da 1ª pessoa do discurso, a inserção de relatos, exemplos pessoais, frases e parágrafos curtos, bem como de perguntas constituem algumas das estratégias dos profissionais de criação em EAD para dar à linguagem uma face humana individualizada e reconhecível pelos estudantes.

O desenvolvimento de materiais para EAD baseados na *web* não requer menos cuidados. O mesmo tipo de criatividade presente na elaboração do conteúdo deve estar refletido no *layout* de cada tela/página em que ele estará disponível *on-line*. Legibilidade, acessibilidade e navegabilidade são parâmetros que devem nortear desde a construção do *storyboard* (o desenho inicial) do curso até sua finalização.

Na organização do conteúdo *on-line*, sobretudo, a multiplicidade de recursos à disposição dos profissionais de criação é tão útil como perigosa, demandando excessivo cuidado no uso dos elementos mais aptos a facilitar o aprendizado: imagens fixas e cinéticas (gráficos, esquemas, tabelas, fotos, desenhos, animações, vídeos), *hiperlinks*, textos e sons. Até mesmo os espaços em branco – nas páginas impressas ou *on-line* – representam instantes de silêncio que podem favorecer a reflexão dos estudantes, ou seja, usar tudo e de uma só vez não é sinônimo de eficácia e qualidade.

Por exemplo: não podemos ler e ver, ao mesmo tempo; assim, ou as imagens ilustram os textos ou os textos fornecem legendas para as imagens, o que precisa ser planejado. Por sua vez, *hiperlinks* com sugestões de leituras complementares, comentários, verbetes, endereços para pesquisas em *sites*, etc. precisam constituir uma rede desenhada com critério, capaz de, simultaneamente, facilitar o aprendizado e abrir novos caminhos para o aprofundamento de conteúdos ou criarão um caos por onde, dificilmente, o estudante conseguirá navegar com segurança e eficácia.

Partindo da experiência obtida na construção de materiais didáticos para soluções educacionais a distância, o FGV Online desenvolveu as Publicações FGV Online, que visam oferecer suporte aos estudantes que ingressam nos cursos a distância da instituição e oferecer subsídios para que o leitor possa-se atualizar e aperfeiçoar, por meio de mídia impressa, em diferentes temas das áreas de conhecimento disponíveis nas coleções:

- Direito;
- Economia;
- Educação e comunicação;
- Gestão da produção;
- Gestão de marketing;
- Gestão de pessoas;
- Gestão de projetos;
- Gestão empresarial;
- Gestão esportiva;
- Gestão financeira;
- Gestão hospitalar;
- Gestão pública;
- Gestão socioambiental;
- História e ética.

Portanto, ainda que o estudante, aqui, não tenha acesso a todos os recursos próprios da metodologia utilizada e já explicitada para construção de cursos na *web* – acesso a atividades diversas; jogos didáticos; vídeos e desenhos animados, além de biblioteca virtual com textos complementares de diversos tipos, biografias das pessoas citadas nos textos, *links* para diversos *sites*, entre outros materiais –, encontrará, nos volumes da coleção, todo o conteúdo a partir do qual os cursos do FGV Online são desenvolvidos, adaptado à mídia impressa.

A estrutura de cada volume de todas as coleções das Publicações FGV Online contempla:

- conteúdo dividido em módulos, unidades e, eventualmente, em seções e subseções;
- autoavaliações distribuídas por módulos, compostas por questões objetivas de múltipla escolha e gabarito comentado;
- vocabulário com a explicitação dos principais verbetes relacionados ao tema do volume e utilizados no texto;
- bibliografia comentada, com sugestões de leituras relacionadas ao estado da arte do tema desenvolvido no volume.

Direcionar, hoje, a inventividade de novos recursos para ações efetivamente capazes de favorecer a assimilação de conteúdos, a interação e o saber pensar pode ser, realmente, o desafio maior que nos oferece a produção de materiais não só para a EAD mas também para quaisquer fins educacionais, pois os avanços tecnológicos não param e as mudanças dos novos perfis geracionais também são contínuas.

Para isso, precisamos aprender a viver perigosamente, experimentando o novo... e a inovação provém de quem sabe valorizar as incertezas, superar-se nos erros, saltar barreiras para começar tudo de novo... mesmo a experiência mais antiga, que é educar.

Prof. Stavros Panagiotis Xanthopoylos
Vice-diretor do IDE e
coordenador das Publicações FGV Online – pós-graduação

Profa. Mary Kimiko Guimarães Murashima
Diretora de Soluções Educacionais do IDE e
coordenadora das Publicações FGV Online – pós-graduação

Profa. Elisabeth Santos da Silveira
Assessora educacional de Soluções Educacionais do IDE

Introdução

O objetivo do livro *Gestão ambiental empresarial* é analisar a relação entre as atividades produtivas e as questões ambientais, identificando, nos atuais sistemas de gestão ambiental, a articulação entre os interesses econômicos e ambientais, direcionada para o desenvolvimento sustentável. Sob esse foco, este livro está estruturado em três módulos.

No módulo I, analisaremos os antecedentes e as perspectivas do desenvolvimento sustentável, traçando o panorama das significativas mudanças no setor empresarial que deram origem à ecoeficiência. Discutiremos ainda os desafios do desenvolvimento sustentável e os mecanismos que estabelecem o diálogo e a parceria entre empresa e *stakeholders* (partes interessadas). Por fim, trabalharemos com os indicadores que medem o desenvolvimento sustentável.

No módulo II, analisaremos as abordagens da gestão ambiental. Para tal, mapearemos os principais problemas e as mudanças ambientais tidos como globais. Veremos ainda como, ao longo das últimas décadas, esses problemas proporcionaram o surgimento de diversos acordos multilaterais. Como os impactos ambientais de origem industrial podem ultrapassar as fronteiras, descreveremos as dimensões desses impactos, identificando as formas de abordagens praticadas pelas empresas.

No módulo III, analisaremos os sistemas de gestão ambiental, que, para serem implementados com sucesso, devem estabelecer princípios e diretrizes de uma política ambiental da empresa. Detalharemos ainda a família de normas ISO 14000, relativas aos sistemas de gestão ambiental, assim como as vantagens estratégicas e comerciais da avaliação do ciclo de vida e da rotulagem ambiental.

O autor

Módulo I – Desenvolvimento sustentável

Módulo I – Desenvolvimento sustentável

Neste módulo, analisaremos os antecedentes e as perspectivas do desenvolvimento sustentável, traçando o panorama de significativas mudanças no setor empresarial, que deu origem à ecoeficiência e ao movimento em prol da sustentabilidade global definida no Relatório Brundtland.

Trataremos ainda da empresa sustentável, ou seja, aquela que contribui com o desenvolvimento sustentável, gerando, simultaneamente, benefícios econômicos, sociais e ambientais.

Em seguida, discutiremos os desafios do desenvolvimento sustentável e os mecanismos que estabelecem o diálogo e a parceria da empresa com os *stakeholders*.

Por fim, trabalharemos com os indicadores que medem o desenvolvimento sustentável.

Antecedentes e perspectivas

Mudanças perceptuais

A partir do final da década de 1980, a conflitante relação entre as atividades produtivas e as questões ambientais modificou-se substancialmente. Antes, o antagonismo entre crescimento econômico e proteção ambiental traduzia uma visão meramente desenvolvimentista, de curto prazo. Hoje, o novo relacionamento transforma os interesses econômicos e ambientais em parceiros de uma concepção produtiva de vanguarda.

A gestão ambiental empresarial tornou-se sinônimo da redução dos desperdícios e da poluição, da maior produtividade e, sobretudo, da melhor e mais sadia competitividade, que impulsiona o mundo dos negócios.

No passado, a poluição era percebida por todos como um mal indesejável, mas necessário ao desenvolvimento. Hoje, a poluição é entendida como:

- um recurso produtivo estupidamente desperdiçado, assim como a matéria-prima cara mal utilizada – gerando resíduos e efluentes;
- um recurso natural mal preservado para as gerações futuras.

É uma nova consciência que se forma, necessariamente, entre empresas e governos frente ao meio ambiente.

Ecoeficiência

Em um panorama notável de significativas mudanças no setor empresarial, desponta o conceito da *ecoeficiência*, sinalizando o norte do desenvolvimento sustentável. Nesses novos tempos, as empresas têm de vencer velhas barreiras culturais e econômicas.

Ecoeficiência significa colocação no mercado de bens ou serviços que satisfazem às necessidades humanas trazendo melhor qualidade de vida, reduzindo os impactos ambientais e o uso de recursos naturais, considerando o ciclo inteiro de vida da produção e reconhecendo a capacidade de o planeta suportar tal demanda.

O termo *ecoeficiência* foi criado pelo World Business Council for Sustainable Development (Conselho Empresarial Mundial para o Desenvolvimento Sustentável) em 1982. Esse conselho é uma coalizão de 170 empresas internacionais unidas por seu comprometimento em comum com o desenvolvimento sustentável por meio de três pilares: crescimento econômico, equilíbrio ecológico e progresso social. Seus membros são oriundos de mais de 35 países e de 20 importantes setores de atividade.

Sustentabilidade global

O uso indiscriminado e pouco criterioso da expressão *desenvolvimento sustentável* – muito em voga atualmente – tem contribuído para dificultar seu entendimento.

A Comissão Mundial sobre Meio Ambiente e Desenvolvimento da ONU – em seu relatório *Nosso futuro comum*, de 1987 – estabelece o ponto de partida para a compreensão do que vem a ser esse novo modo de pensar o desenvolvimento global.

No Relatório Brundtland – como ficou conhecido mundialmente em homenagem a Gro Harlem Brundtland –, a *sustentabilidade global* foi definida como "a habilidade das sociedades para satisfazer às necessidades do presente sem comprometer a possibilidade das futuras gerações de atenderem a suas próprias necessidades".[1]

Objetivos das políticas ambientais e desenvolvimentistas

De acordo com o Relatório Brundtland, os principais objetivos das políticas ambientais e desenvolvimentistas, derivados do conceito de desenvolvimento sustentável, são:

- retomar o crescimento econômico como condição necessária para erradicar a pobreza;
- inovar, permanentemente, os sistemas produtivos, tornando-os mais eficientes, democráticos e menos intensivos em matérias-primas e energia;
- atender às necessidades humanas essenciais, como emprego, alimentação, energia, água e saneamento;
- conservar as fontes de recursos naturais;

---

[1] UN DOCUMENTS: Gathering a body of global agreements. *Report of the World Commission on Environment and Development*: Our Common Future. Disponível em: <www.un-documents.net/wced-ocf.htm>. Acesso em: 24 out. 2012.

- valorizar o desenvolvimento tecnológico e administrar os riscos;
- incluir o meio ambiente e a economia no processo decisório;
- manter um nível populacional sustentável.

Empresa sustentável

Uma empresa sustentável é aquela que contribui com o desenvolvimento sustentável, gerando, simultaneamente, benefícios econômicos, sociais e ambientais – os três pilares do desenvolvimento sustentável.

Atualmente, o mais evidente sinal dessa mudança é a percepção de que o maior vilão do meio ambiente (o setor produtivo) tornou-se o setor privilegiado para conduzir o desenvolvimento sustentável. A antiga postura reativa (em que só prevalecia a espada da lei) deu origem ao consenso, entre as lideranças empresariais mundiais, quanto à necessidade de as empresas adotarem uma postura proativa em seu desempenho ambiental.

O ambientalismo empresarial chegou para ficar e com uma missão privilegiada a cumprir.

Universo empresarial

Considerando o universo das empresas, poucas têm começado a tratar a sustentabilidade como uma oportunidade de negócios, aberto caminho para a diminuição de custos e riscos, ou elevado seus rendimentos e sua participação de mercado por meio da inovação.

Quando relacionamos a sustentabilidade da empresa à criação de valor, viabilizamos as condições necessárias para a criação de valor sustentável para a empresa. Para a maioria das empresas, a busca pela sustentabilidade continua difícil de ser conciliada com o objetivo de aumentar os lucros e o valor para o acionista.

Ao partirem de argumentos legais ou morais para a ação das empresas, os executivos subestimam as oportunidades estratégicas de negócios, associadas às questões ambientais e sociais. Com a finalidade de mudar esse quadro, os executivos precisam relacionar, diretamente, a sustentabilidade da empresa à criação de valor.

O modelo capitalista de economia preconiza que o objetivo da empresa é maximizar a riqueza dos proprietários ou acionistas. Para os acionistas, a riqueza é medida pelo preço das ações nas bolsas de valores.

O preço das ações nas bolsas de valores, por sua vez, baseia-se na data de ocorrência dos retornos financeiros em sua magnitude e em seu risco. Podemos criar valor para os acionistas por meio de especulação, simplesmente, ou por meio de mudanças verdadeiras no modo produtivo.

Criação de valor para o acionista

Hart e Milstein[2] desenvolveram um diagrama que apresenta os conceitos básicos para a criação de valor para o acionista:

Figura 1
CRIAÇÃO DE VALOR SUSTENTÁVEL

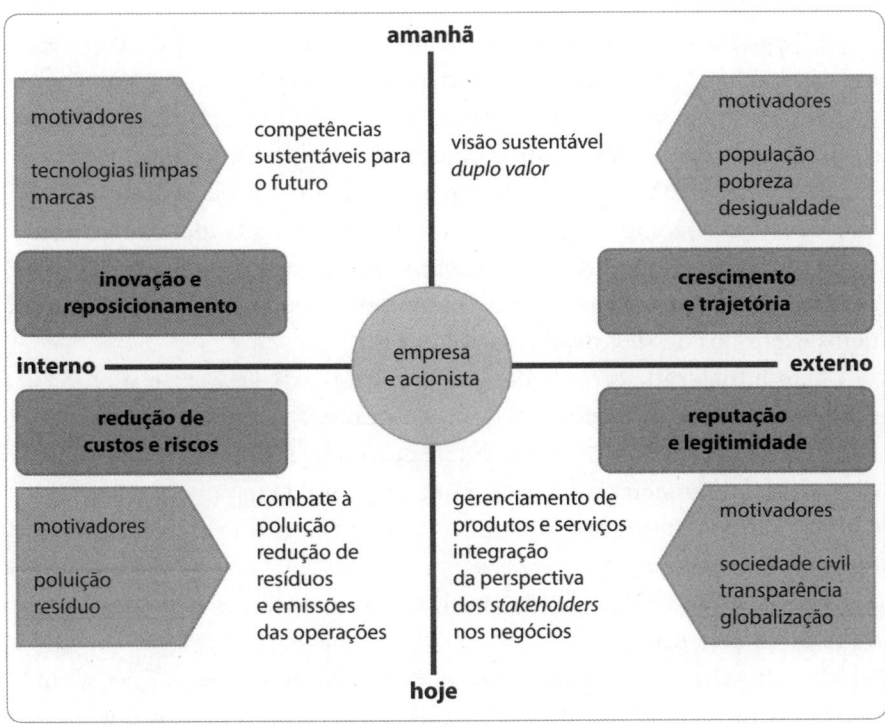

---

[2] HART, S.; MILSTEIN, M. *Creating sustainable value. Academy of Management Executive*, v. 17, n. 2, p. 56-69, 2003.

Esse diagrama utiliza duas dimensões bem conhecidas (*hoje/amanhã* e *interno/externo*), que são fontes de tensão criativa para as empresas. A justaposição dessas duas dimensões produz uma matriz (com quatro dimensões distintas) do desempenho necessário para a criação de valor para o acionista.

Segundo o diagrama de criação de valor sustentável, de Hart e Milstein, o *eixo horizontal* do gráfico representa a necessidade de proteger as habilidades organizacionais internas e, ao mesmo tempo, de infundir, na empresa, novas perspectivas e novos conhecimentos vindos de fora. Já o *eixo vertical* representa a necessidade simultânea de manter os negócios atualizados e criar a tecnologia e os mercados de amanhã, mostrando que é preciso alcançar resultados de curto prazo, ao mesmo tempo em que é necessário pensar no crescimento futuro.

No *quadrante 1*, a empresa deve operar eficientemente e reduzir riscos e custos operacionais, financeiros, comerciais, ambientais e trabalhistas proporcionalmente a seus retornos, de forma a aumentar o valor ao acionista.

O *quadrante 2* inclui as partes interessadas externas da empresa: os *stakeholders*. Os *stakeholders* são quaisquer indivíduos ou grupos que possam afetar ou ser afetados por uma atividade produtiva: fornecedores e clientes, órgãos de regulação, comunidades, ONGs e mídia.

A comunidade local que, com o apoio da mídia, quer saber se uma fábrica está ou não liberando poluentes prejudiciais a saúde, os consumidores que exigem que um produto tenha informações mais confiáveis e os investidores que desejam ver a empresa prosperar podem ser considerados exemplos de *stakeholders*.

Sem a inclusão acertada dos interesses dos *stakeholders*, o direito de funcionamento e de produção de uma empresa pode ser questionado. Uma abordagem criativa desses interesses pode estimular uma posição empresarial diferenciada, levando a um aumento de reputação e legitimidade – que são fatores fundamentais para a preservação e o crescimento do valor do acionista.

Observemos as dimensões inseridas nos quadrantes 3 e 4 da matriz de valor ao acionista.

No *quadrante 3*, podemos ver que, sem o foco na inovação, a empresa terá dificuldade para criar um novo fluxo de produtos e serviços necessários para garantir sua prosperidade no futuro. Nesse ponto, a criação do valor ao acionista dependerá da habilidade da empresa em destruir, criativamente, suas capacidades atuais, em favor da inovação de amanhã.

O *quadrante 4* destaca as dimensões externas associadas ao desempenho futuro. Uma trajetória de crescimento consistente exige que a empresa ofereça novos produtos e serviços para os consumidores atuais ou que explore novos mercados. A trajetória de crescimento oferece uma direção para o desenvolvimento de novas tecnologias e novos produtos.

Da mesma forma que a criação de valor ao acionista exige um desempenho empresarial com múltiplas dimensões, o desenvolvimento sustentável também representa um desafio multidimensional.

Desafios

Primeiro desafio

O primeiro desafio do desenvolvimento sustentável está associado à crescente industrialização, que produz enormes benefícios econômicos, mas também gera significativa quantidade de poluição e continua a consumir – em uma taxa crescente – matérias-primas, recursos naturais e combustíveis fósseis. A eficiência no uso desses recursos e a prevenção da poluição, em sua origem, são fundamentais ao desenvolvimento sustentável.

É preciso fazer uso consciente dos recursos naturais, o que inclui preservar suas fontes.

Segundo desafio

O segundo desafio do desenvolvimento sustentável relaciona-se à proliferação e à interligação das organizações não governamentais (ONGs) e de outros grupos da sociedade civil.

A disseminação da internet e das tecnologias da informação tem contribuído para que esses grupos se comuniquem entre si, em tempo real. Essa comunicação vem tornando cada vez mais difícil a operação velada de governos, corporações e grandes instituições.

Por conta dessa comunidade globalizada – ativa e bem-informada –, o desenvolvimento sustentável desafia as empresas e os governos a funcionarem de forma transparente e responsável.

Terceiro desafio

O terceiro desafio do desenvolvimento sustentável trata das tecnologias emergentes, que oferecem soluções revolucionárias, tornando obsoletas muitas das atuais indústrias que usam energia e matérias-primas intensivamente.

A biotecnologia e a nanotecnologia criam produtos e serviços no nível do átomo, permitindo a possibilidade de imaginarmos a total eliminação de resíduos e da poluição.

Esperamos, portanto, que o manejo responsável de tecnologias avançadas (o genoma, a biomimética, a nanotecnologia, a tecnologia da informação e a energia renovável) reduzam, drasticamente, a dependência de recursos naturais e matérias-primas. Naturalmente, haverá novos problemas criados por essas tecnologias, tornando sua contribuição final à sustentabilidade mais desconhecida. Prova disso são os problemas encontrados pela *Monsanto* ao buscar sua estratégia de biotecnologia agrícola (sementes geneticamente modificadas) na segunda metade dos anos 1990.

Nesse contexto, na Europa, no Oriente Médio e na Ásia, um número crescente de planos de construção de cidades verdes e bairros ambientalmente amigáveis estão em andamento. Encorajados pela exigência das bases, os governos locais estão assumindo compromissos de redução de GEEs.

Quarto desafio

O quarto desafio do desenvolvimento sustentável está relacionado ao aumento populacional e a problemas associados à globalização, tais como a pobreza e a desigualdade social.

Segundo relatório do Banco Mundial, de 29 de fevereiro de 2012, houve uma redução absoluta e relativa da extrema pobreza no mundo. Em 1981, existiam quase 2 bilhões (1,938 bilhão) de pessoas vivendo com menos de US$ 1,25 ao dia nos países em desenvolvimento, representando 52,2% da população. Na década de 1980, houve uma ligeira queda e o número de pessoas vivendo na pobreza extrema caiu para 1,909 bilhão, em 1990 (43,1% da população). Na década de 1990, o declínio foi um pouco mais rápido e o número de pessoas vivendo com menos de US$ 1,25 ao dia nos países em desenvolvimento, em 1999, caiu para 1,743 bilhão (34%). Porém, a queda mais significativa ocorreu na primeira década do século XXI, pois a pobreza extrema no mundo caiu para 1,289 bilhão de pessoas em 2008, representando 22,4% da população dos países em desenvolvimento. A maior redução aconteceu entre 2003 e 2008.

O desenvolvimento social e a criação de riqueza, em escala de massa (especialmente, entre os mais pobres do mundo), é fundamental para o desenvolvimento sustentável.

Visão corporativa

O desenvolvimento sustentável amplia a visão corporativa. A preocupação com o valor ao acionista e aos demais *stakeholders*, o reforço da reputação e o cuidado com o meio ambiente somam-se ao propósito e aos resultados corporativos. Nesse sentido, os modelos decisórios passam a levar em conta os custos futuros e as externalidades, estimulando a melhoria da eficiência dos recursos e o aumento dos investimentos em inovação.

Com a incorporação do desenvolvimento sustentável nos negócios, as lideranças empresariais aprendem a pensar vários movimentos à frente, em termos de valores sociais, ambientais e novas formas de diálogo com os *stakeholders*. Além disso, as empresas aprendem a manter o foco imparcial sobre as atuais realidades econômicas e de mercado.

A transformação em prol da sustentabilidade amplia as perspectivas de sucesso, valor e flexibilidade da empresa a longo prazo.

Diálogo e parceria

Mundo tripolar

Até princípios da década de 1990, o mundo era basicamente bipolar: governo e não governo. As empresas ficavam em uma área intermediária, certas de que não eram parte do governo, mas também convictas de que não pertenciam ao mundo das organizações não governamentais (ONGs).

Gradativamente, as empresas começaram a ocupar espaços nas conferências de cúpula das Nações Unidas e em outras reuniões internacionais. Com isso, o mundo tornou-se tripolar: governos, sociedade civil e empresas.

Movimentos ambientalistas

As ONGs ambientais passaram a denunciar a prática de crimes ambientais das empresas e a negligência ambiental dos governos. O movimento ambientalista intensificou-se (no fim da década de 1960 e no início da década de 1970) com ações contra grandes corporações mineradoras, fabricantes de bebidas, empresas de testes nucleares, de caça a baleias, entre outras.

A reação das empresas era, em boa parte, defensiva. Em alguns desses eventos pacíficos (mas confrontadores), essas ONGs conseguiram a participação de mais de 20 mil pessoas. O confronto ganhou uma dimensão global, envolvendo ONGs multinacionais contra corporações multinacionais e governos poderosos.

Soluções técnicas

Nos últimos anos da década de 1980, os temas ambientais se popularizaram significativamente, superando a filiação a partidos políticos em vários países desenvolvidos. As ONGs conseguiram mais financiamento e se tornaram mais poderosas, garantindo sua influência em partidos políticos, em muitos países democráticos. Nesse contexto, algumas ONGs abandonaram suas estratégias de protestos e confrontos.

Em fins da década de 1980 e no início da década de 1990, um grande número de ONGs e ambientalistas adotaram uma visão mais pragmática a respeito da contribuição das campanhas ambientais para a promoção de mudanças sociais. ONGs e ambientalistas partiram para a ação, buscando soluções técnicas para os graves problemas ambientais, em parcerias com empresas e governos.

Transformação dos modelos dos negócios

As empresas perceberam que, ao ignorar as ONGs, não tinham nada a ganhar, mas muito a perder. Com isso, várias empresas experimentaram o grau de sofisticação das ONGs em suas atividades e campanhas, assim como a rapidez com que arregimentam – por meio da internet – apoio mundial para uma causa.

A partir dessa transição, a grande demanda por diálogo e a busca de parcerias começou a transformar os modelos dos negócios. Desse modo, foram introduzidos uma linguagem inteiramente nova e um grande número de *stakeholders* – muito mais bem informados do que no passado. Essa evolução foi induzida, sobretudo, pelo desejo de gerenciar a reputação da empresa – ativo de importância crucial para os negócios globalizados.

A reputação da empresa é afetada, de forma positiva ou negativa, conforme o envolvimento nos diálogos e a parceria com os *stakeholders*. A reputação ergue-se sobre percepções intangíveis – confiança, dignidade, qualidade, consistência, credibilidade, relacionamentos e transparência. Além disso, a reputação se constrói por meio de ferramentas tangíveis – investimentos em pessoas, na diversidade e no meio ambiente.

Stakeholders

Tipos de *stakeholders*

Segundo Clarkson,[3] *stakeholders* são pessoas ou grupos que possuem ou reivindicam propriedade, direitos ou interesses em uma empresa, bem como em suas atividades presentes, passadas e futuras. Investidores, clientes, funcionários e fornecedores (grupos principais de *stakeholders*) têm participação permanente e vital para a sobrevivência da empresa.

Outros grupos (meios de comunicação, ONGs e uma grande variedade de organizações) detêm a capacidade de mobilizar a opinião pública contra uma determinada empresa ou a favor dela.

---

[3] CLARKSON, M. B. E. A stakeholder framework for analyzing and evaluating corporate social performance. *The Academy of Management Review*, v. 20, n. 1, p. 92-117, jan. 1995.

As ONGs ambientalistas mobilizam a sociedade e os órgãos do governo, garantindo uma importante conscientização das populações em relação aos problemas ambientais.

Impacto dos *stakeholders*

O impacto dos *stakeholders* nos negócios da empresa pode ser representado como na figura 2:

Figura 2
IMPACTO DOS *STAKEHOLDERS*

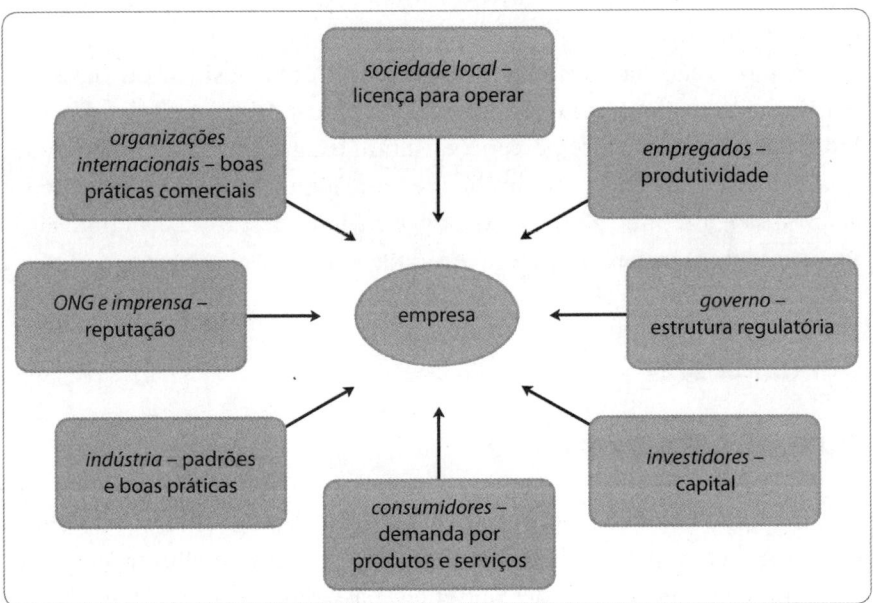

Organizações internacionais

As organizações internacionais desempenham um papel catalítico na conscientização global. O Programa das Nações Unidas para o Meio Ambiente (Pnuma) organizou a Iniciativa das Instituições Financeiras (Financial Institutions Initiative) por meio da qual promove a integração da abordagem ambiental no escopo de trabalho das instituições financeiras, em todos os aspectos de suas operações. Será que podemos ver isso como uma vantagem da globalização?

A Câmara de Comércio Internacional – International Chamber of Commerce (ICC) – forneceu importantes subsídios ao Earth Summit de 1992, no Rio de Janeiro (Rio-92). Em 1993, um grupo de membros da ICC constituiu o Conselho Mundial da Indústria para o Meio Ambiente – World Industry Council for the Environment. Em 1995, houve a fusão desse conselho com o Conselho Empresarial para o Desenvolvimento Sustentável – Business Council for Sustainable Development (BCSD) –, formando o Conselho Empresarial Mundial para o Desenvolvimento Sustentável – World Business Council for Sustainable Development (WBCSD) –, produto da visão e da preocupação de líderes empresariais das maiores empresas do mundo com as questões do desenvolvimento sustentável.

O esforço das Nações Unidas foi muito bem-sucedido em definir – no ciclo de conferências que realizou nas duas últimas décadas – uma agenda global para a humanidade. A primeira agenda do ciclo das grandes conferências internacionais, a Agenda 21, foi a mais abrangente e inclusiva, irradiando o desenvolvimento sustentável e o princípio da parceria para os demais encontros que se seguiram. A agenda estabeleceu parcerias com a sociedade civil em favor de uma nova ordem regulada e legítima, que deveria ser negociada por consenso dos países e da sociedade nos fóruns multilaterais.

Como princípios norteadores do consenso, a agenda elegeu:

- o desenvolvimento sustentável;
- os direitos humanos, das mulheres e das crianças;
- o combate à pobreza;
- os direitos sociais.

Nesse amplo painel, destacou-se o desenvolvimento sustentável como ideia-força propulsora de um novo ciclo de desenvolvimento – concebida para produzir a aproximação entre ambientalistas, desenvolvimentistas e cooperação internacional.

A Agenda 21 consolidou princípios, valores e ações a serem adotados por todos os países.

Sociedade local

As empresas vêm aprendendo que as boas relações comunitárias contribuem para evitar conflitos e hostilidades desnecessárias. Vêm aprendendo, também, a valorizar um ambiente de compreensão e colaboração com a sociedade local.

Para ter o direito de exercer sua atividade – sob a forma de licença de operação concedida pelo poder público –, as empresas, no âmbito da responsabilidade social corporativa, iniciam novos tipos de relacionamento com a comunidade em que estão inseridas. Nesses relacionamentos, a comunidade pode questionar a permanência da empresa – caso seu desempenho não esteja de acordo com o esperado. Cabe à empresa informar à sociedade – por meio de seus agentes públicos – sobre a atividade produtiva e conhecer a opinião das partes interessadas, levando em conta essas opiniões e respondendo a suas preocupações.

Trata-se aqui de gerir conflitos de interesses, de assumir compromissos com o progresso de todos, de fornecer informações – para que se possam medir esses progressos – e de criar verdadeiras parcerias que envolverão as partes interessadas em uma relação cada vez mais profunda com a empresa.

Nesse contexto, o tema da responsabilidade social corporativa vem sendo amplamente discutido e divulgado, nos últimos anos, pela mídia no Brasil. Entre os diversos fatores que podem explicar a repentina valorização desse assunto em nosso ambiente, está o fato de que, ao assumirem uma responsabilidade mais ampla sobre o conjunto da sociedade, as empresas suprem necessidades comunitárias que, até então, não eram satisfatoriamente atendidas. A respeito disso, David Pirret,[4] ex-presidente da Shell Brasil S.A., afirmou:

> *A responsabilidade social corporativa está intrinsecamente relacionada com o compromisso da empresa de que suas ações se traduzam em benefícios econômicos, sociais e ambientais para as comunidades onde atuam, além da maximização de sua performance e do fornecimento de produtos e serviços de qualidade aos consumidores.*

continua

---

[4] BRASIL SEMPRE. Rio de Janeiro: CEBDS, ano 1, n. 2, p. 16, dez. 1999/jan. 2000.

> *As desigualdades e questões ambientais do mundo atual, e a constatação de que o Estado, sozinho, não será capaz de resolver as questões decorrentes trazem um novo desafio às organizações, que têm um novo papel no estabelecimento de novas relações entre consumidores, ONGs, governos e comunidades.*
>
> *A responsabilidade social corporativa requer que a empresa tenha conhecimento do ambiente político-social em que atua, bem como uma participação ativa no esforço de contribuir para um mundo melhor.*

Atualmente, todas as empresas possuem programas de envolvimento direto com a comunidade. Algumas formas de atuação têm-se intensificado, recentemente, no Brasil, quais sejam:

- o apoio ao trabalho voluntário dos funcionários;
- as iniciativas institucionais;
- as parcerias com ONGs.

O envolvimento direto com a comunidade mostrou-se a forma mais intensa de atuação social das empresas.

Cada empresa convive com realidades sociais diferentes. Nesse sentido, na tentativa de melhorar a relação com a comunidade em que estão inseridas, as empresas têm formulado suas próprias versões de responsabilidade social corporativa. Ainda assim, muitas dúvidas persistem:

- Quais são os papéis mais eficazes para o setor privado na prestação de serviços sociais, educacionais e de saúde?
- Até que ponto da cadeia de fornecedores se estende a responsabilidade da empresa?
- Como adaptar a responsabilidade social corporativa às culturas locais?
- Qual a contribuição das empresas para o problema da subsistência sustentável em face da pobreza?

Apesar dos desafios, muitas empresas estão convencidas de que a responsabilidade social corporativa será uma visão norteadora do futuro para aquelas que pretendem manter sua licença de operação em um mundo cada vez mais globalizado e crítico.

Empregados

Os empregados ampliam a sustentabilidade na empresa em que trabalham ao trazerem suas convicções e experiências pessoais, contribuindo para a mudança e para a inovação. A consequência disso é o aumento do valor da empresa, e, por conseguinte, a redução do risco de desemprego.

Os líderes empresariais devem definir, claramente, a importância e a urgência da aplicação da política da sustentabilidade. Os líderes devem dar exemplos e agir conforme o discurso, servindo de modelo e fornecendo recursos, educação, desafios diretos, estímulo e acompanhamento aos empregados.

As vantagens devem ser percebidas por todos os empregados da empresa, que não devem perceber sinais de hesitação na implementação das ações. Em geral, as transformações institucionais são resultado de mudanças pessoais. Não conseguimos fazer com que as pessoas mudem simplesmente dizendo-lhes o que fazer. Em vez disso, os valores organizacionais se consolidam em uma empresa quando são compartilhados, não impostos.

Imprensa

A imprensa é um *stakeholder* importante para viabilizar ou não o negócio de uma empresa, na medida em que divulga para a sociedade os aspectos favoráveis ou desfavoráveis dessa atividade. Ao quebrar o monopólio governamental da fiscalização, as organizações civis agem como fiscais privados, amenizando as limitações impostas pela escassez de recursos nos órgãos públicos e a corrupção. Esse tipo de abordagem tem sido usado, há anos, em países ricos e em desenvolvimento.

Ao serem divulgadas pela imprensa e por grupos ambientais – antes mesmo de serem regulamentadas pelo governo –, as informações funcionam como ponto de partida para a tomada de medidas nas empresas, com a finalidade de evitar a publicidade negativa.

Na Índia, por exemplo, as autoridades ambientais distribuem às ONGs e comunidades locais informações em linguagem de senso comum dos resultados do monitoramento ambiental de empreendimentos daquela região. Nos Estados Unidos, desde 1986, os relatórios anuais sobre emissões de produtos químicos potencialmente cancerígenos ficam à disposição do público.

Consumidores

Os consumidores, frequentemente, não têm a oportunidade – ou mesmo o interesse – de pressionar as empresas. Eles simplesmente trocam de fornecedor se não estiverem satisfeitos. Entretanto, os especialistas de marketing sabem que vem aumentando, consideravelmente, entre os consumidores, o interesse genuíno quanto ao desempenho da sustentabilidade das empresas.

Os consumidores estão prestigiando, com sua fidelidade, as empresas que melhor atendem às demandas éticas, ambientais e sociais. Consequentemente, algumas empresas já estão dando os primeiros passos para garantir que suas práticas de compras e fabricação reflitam a sensibilidade ecológica dos clientes, e que seus produtos incorporem os atributos ambientais por eles almejados.

Os consumidores estão exigindo garantias de que os produtos sejam seguros, de que tenham sido produzidos em condições que satisfaçam os direitos dos trabalhadores e de que não degradem o meio ambiente nas fases de produção, consumo ou descarte. Isso significa que, no atual mercado mundial:

- amplia-se o apelo para novos produtos, mais inteligentes;
- ampliam-se os consumidores que se preocupam com sua saúde e sua segurança, de sua família e de sua comunidade;
- viabilizam-se nichos de mercado que tendem a abranger uma vertente dominante de consumidores.

Jacquelyn A. Ottman,[5] autora do famoso *Green marketing: opportunity for innovation*, afirma que:

> *Os consumidores estão preparados para superar seus preconceitos no sentido de que os produtos verdes são mais caros – ou não funcionam tão bem ou qualquer outra coisa –, no momento em que suas características ambientais gerarem outros benefícios.*

---

[5] OTTMAN, Jacquelyn A. *Green marketing*: opportunity for innovation. South Carolina: BookSurge, 2006.

Desse modo, o entendimento da importância de vincular outros valores às características ambientais dos produtos tem norteado diversas empresas de classe mundial.

Os pesquisadores da Phillips Eletronics, com sede na Holanda, descobriram que a combinação de atributos ambientais (redução do consumo de energia, diminuição do uso de materiais, menor emissão de substâncias tóxicas) com vários benefícios materiais (menor custo), intangíveis (conveniência) e emocionais (qualidade de vida e sensação de bem-estar) aumenta o interesse de compra em 60% ou mais, cifra que inclui os consumidores não propensos a compras com base em aspectos ambientais.

Além de reduzir a poluição atmosférica, é mais confortável para o consumidor um produto com menos compostos orgânicos em sua formulação, pois ele resultará em menos emissões.

Governos

Os governos podem fazer muito para estimular o desenvolvimento sustentável na área produtiva. Nesse sentido, um governo fraco configura um sério problema, pois promove políticas econômicas inadequadas, corrupção, instabilidade administrativa e regulamentos inconsistentes. Ao contrário, um governo forte proporciona a confiança regulatória por meio de normas e regras claras e de instrumentos econômicos e administrativos que estimulem a adoção do desenvolvimento sustentável.

A combinação ideal dos instrumentos de política pública, em favor da sustentabilidade, deve considerar os seguintes itens:

- eficácia ambiental;
- eficiência econômica;
- flexibilidade de respostas e ações;
- viabilidade administrativa;
- confiança no ambiente regulamentário;
- introdução gradual e implementação progressiva;
- neutralidade fiscal;
- transparência no cumprimento das responsabilidades;
- simplicidade administrativa.

Os futuros desafios da governança envolverão a garantia de maior coerência das políticas públicas entre as esferas econômicas, social e ambiental. Estamos em um tempo no qual se acentua a necessidade de consistência e de integração na formulação de políticas públicas, em função do aumento das interações entre os diferentes domínios, da maior interdependência internacional da crescente complexidade dos temas. Todos têm de cumprir seu papel, inclusive o governo.

Investidores

Os investidores formam um grupo bem diversificado e muito influente. Por essa razão, os investimentos podem-se dar por meio de:

- investidores da comunidade financeira local;
- investidores confidenciais nacionais e internacionais;
- instituições financeiras.

Como crescem as evidências entre a ligação das atividades sustentáveis de uma empresa e seu desempenho financeiro, a comunidade de investidores está cada vez mais inclinada a favorecer – em suas decisões de investimento – as empresas mais sustentáveis. Com isso, à medida que os conceitos de sustentabilidade deslocam-se para a corrente de gestão de ativos e aumenta a demanda por fundos de sustentabilidade, os investidores passam a buscar novos indicadores de criação de valor pelas empresas, além dos parâmetros econômicos convencionais.

Em 1999, a Sustainable Asset Management (SAM), com sede em Zurique, associou-se à Dow Jones & Company para criar os Índices Mundiais de Sustentabilidade da Dow Jones (DJSI), o primeiro indicador que monitora o desempenho financeiro das empresas líderes em sustentabilidade de todo o mundo. A SAM é uma das líderes em fundos de *private equity* direcionados para a sustentabilidade e possui fundos nas áreas de energia emergente, produtividade dos recursos naturais e nutrição saudável, entre outros, que totalizam centenas de milhões de euros.

No Brasil, grandes bancos, mineradoras e companhias de energia e aviação estão entre as empresas que compõem o DJSI. Essas empresas são reconhecidas por importantes grupos de *stakeholders* como líderes setoriais nas dimensões estratégicas ambientais, sociais e econômicas.

Em um mundo no qual os *stakeholders* adquirem cada vez mais força, esse índice identifica as empresas líderes por meio de análises profundas e confiáveis, e com informações de domínio público.

A empresa sustentável vai além do modelo tradicional de retorno sobre os ativos financeiros, e de criação de valor para os acionistas e clientes. A empresa sustentável envolve também o sucesso da comunidade e dos *stakeholders*.

Relações da empresa com os *stakeholders*

As relações da empresa com os *stakeholders* podem ser resumidas como na figura a seguir:

Figura 3
RELAÇÕES DA EMPRESA COM OS *STAKEHOLDERS*

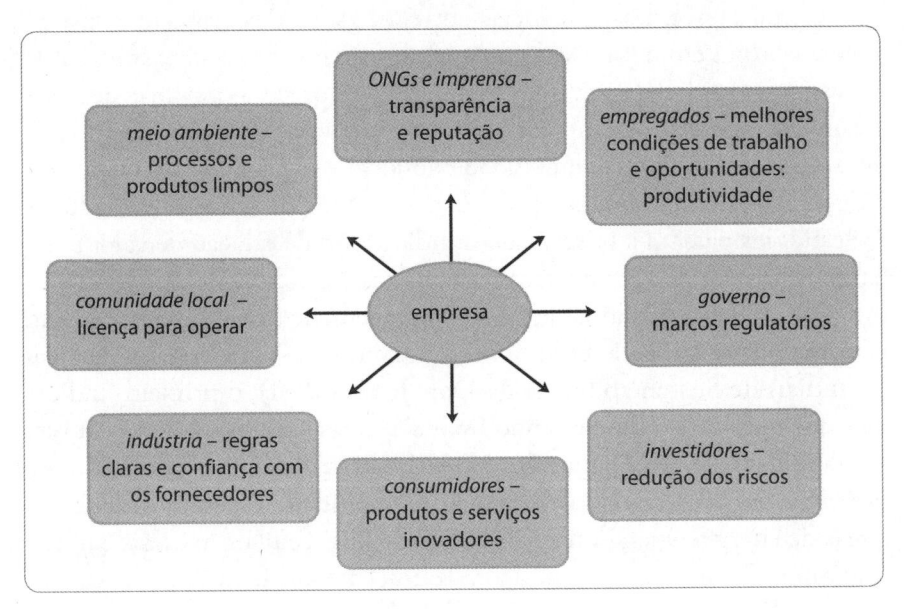

- *ONGs e imprensa* – transparência e reputação
- *meio ambiente* – processos e produtos limpos
- *empregados* – melhores condições de trabalho e oportunidades: produtividade
- *comunidade local* – licença para operar
- empresa
- *governo* – marcos regulatórios
- *indústria* – regras claras e confiança com os fornecedores
- *consumidores* – produtos e serviços inovadores
- *investidores* – redução dos riscos

Indicadores de desenvolvimento sustentável

Origem

O conceito de desenvolvimento sustentável passou a ser amplamente utilizado a partir da Conferência das Nações Unidas sobre Ambiente e Desenvolvimento, no Rio de Janeiro, em junho de 1992. O desenvolvimento sustentável é um processo evolutivo que se traduz no crescimento da economia e na melhoria da qualidade do ambiente e da sociedade, para benefício das gerações presente e futura.

A partir da Conferência das Nações Unidas sobre Ambiente e Desenvolvimento, vários países passaram a apresentar o desenvolvimento sustentável como componente de sua estratégia política, envolvendo as questões ambientais, econômicas, sociais e institucionais.

Os indicadores de desenvolvimento sustentável são objeto de vários estudos de grupos de trabalho nacionais e internacionais (institucionais ou não), e não podem ser analisados em um contexto meramente nacional por envolverem impactos para além das fronteiras de um país.

Utilização de indicadores

Uma ferramenta básica para a aplicação do conceito de desenvolvimento sustentável consiste no estabelecimento de objetivos e indicadores que possam dar a medida certa de quanto se progride em direção aos objetivos estabelecidos. Desse modo, os indicadores são projetados para simplificar a informação sobre fenômenos complexos, de modo a melhorar a comunicação.

A utilização de indicadores vem ganhando um peso crescente nas metodologias utilizadas para resumir a informação de caráter técnico e científico, na forma original ou bruta. Dessa forma, a utilização de indicadores permite transmitir a informação, de forma sintética, preservando o essencial dos dados originais, além de possibilitar o uso apenas das variáveis que melhor servem aos objetivos – e não de todas que podem ser medidas ou analisadas.

A informação se torna, portanto, mais útil aos tomadores de decisão, gestores, políticos, grupos de interesse e ao público em geral.

Estabelecimento de metas

Avaliamos o desempenho sustentável de um país, por exemplo, com base nas metas que ele estabeleceu para cada um dos indicadores. Estabelecidas essas metas é possível, em qualquer momento, avaliar a distância que separa o país de seus objetivos.

Se os objetivos não são identificados de forma clara, dificilmente, o país consegue impor um ritmo, manter o entusiasmo ou medir o progresso realizado. A definição dessas metas cabe sempre aos governantes. No entanto, já existem metas estabelecidas pela legislação nacional – por convenções e protocolos internacionais que foram objeto de ratificação pelo Estado – para um número considerável de indicadores.

Na ausência de metas, a implementação de procedimentos – como a avaliação ambiental estratégica de planos, programas ou políticas setoriais – é frustrante e inconclusiva.

Tipos de indicadores

Quanto ao conteúdo, à amplitude e à natureza do sistema de indicadores de desenvolvimento sustentável, consideramos, fundamentalmente, quatro categorias:

- indicadores ambientais;
- indicadores econômicos;
- indicadores sociais;
- indicadores institucionais.

Os indicadores de desenvolvimento sustentável são indispensáveis para fundamentar decisões nos mais diversos níveis e nas mais diversas áreas.

Os aspectos determinantes do desenvolvimento sustentável estão representados na figura 4.

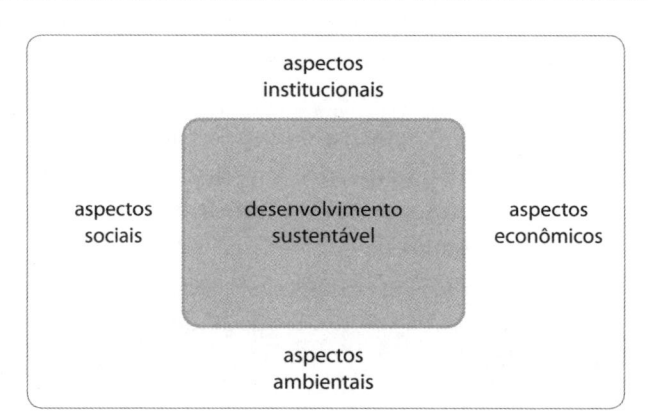

Figura 4
Aspectos determinantes do desenvolvimento sustentável

- aspectos institucionais
- aspectos sociais
- desenvolvimento sustentável
- aspectos econômicos
- aspectos ambientais

Por todo o mundo, surgem iniciativas e projetos com vista à definição de indicadores de desenvolvimento sustentável para um variado e amplo leque de finalidades de gestão, no nível do desenvolvimento local, regional e nacional. Praticamente todos os países industrializados já publicaram documentos sobre indicadores ambientais ou de desenvolvimento sustentável.

A Agência Europeia do Meio Ambiente tem sido pioneira nessas matérias, desenvolvendo um conjunto de trabalhos e estimulando a sistematização e comparabilidade da informação nos diversos países abrangidos por sua ação, procurando ainda criar sinergias com outros organismos, como a Eurostat e a Organização para a Cooperação e Desenvolvimento Econômico (OCDE).

Aplicações dos indicadores

Os indicadores de desenvolvimento sustentável podem servir a um amplo conjunto de aplicações:

- atribuição de recursos – suporte de decisões, ajudando os tomadores de decisão ou gestores na atribuição de fundos, alocação de recursos naturais e determinação de prioridades;

- classificação de locais – comparação de condições em diferentes locais ou áreas geográficas;
- cumprimento de normas legais – aplicação em áreas específicas para esclarecer e sintetizar a informação sobre o nível de cumprimento das normas ou dos critérios legais;
- análise de tendências – aplicação de séries de dados para avaliar as tendências no tempo e no espaço;
- informação – informação às partes interessadas sobre os processos de desenvolvimento sustentável;
- investigação científica – aplicações em desenvolvimentos científicos, servindo de alerta para a necessidade de investigação científica mais aprofundada.

A OCDE apresenta quatro grandes grupos de aplicações de indicadores:

- avaliação do funcionamento dos sistemas ambientais;
- integração das preocupações ambientais nas políticas setoriais;
- contabilidade ambiental;
- avaliação do estado do meio ambiente.

Vejamos, nas figuras 5 e 6, representações dos indicadores.

Figura 5
APLICAÇÃO DOS INDICADORES

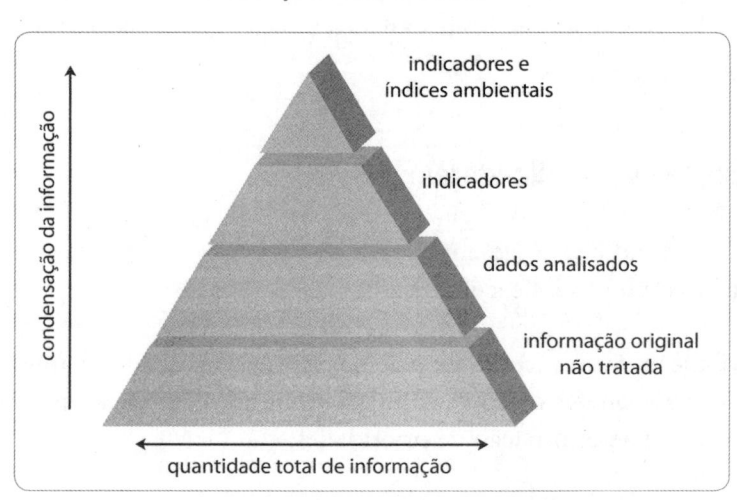

Figura 6
CONCENTRAÇÃO E QUANTIDADE DE INFORMAÇÃO PARA O PÚBLICO-ALVO

[Pirâmide com eixo vertical "condensação da informação" e eixo horizontal "quantidade total de informação". Topo: indicadores para o público em geral; meio: indicadores para políticos; base: indicadores para cientistas.]

Ao escolhermos um indicador ou índice – tal como quando utilizamos um parâmetro estatístico –, ganhamos em clareza e operacionalidade, apesar de perdermos em detalhe da informação.

De acordo com a classificação da OCDE, os indicadores ambientais podem ser sistematizados pelo modelo *pressão-estado-resposta* (PER), que forma três grupos-chave de indicadores:

- indicadores de pressão – caracterizam as pressões sobre os sistemas ambientais e podem ser traduzidos por indicadores de eficiência tecnológica, intervenção territorial, impacto ambiental e emissão de contaminantes;
- indicadores de estado – refletem a qualidade do ambiente em um dado horizonte espaço/tempo, como, por exemplo, os indicadores de sensibilidade, risco e qualidade ambiental;
- indicadores de resposta – avaliam as respostas da sociedade para as alterações e preocupações ambientais, bem como para a adesão a programas ou à implementação de medidas em prol do meio ambiente. Podem ser incluídos, neste grupo, os indicadores de adesão social, de sensibilização e de atividades de grupos sociais importantes.

Vejamos, na figura 7, a estrutura conceitual do modelo PER.

Figura 7
ESTRUTURA CONCEITUAL DO MODELO PER

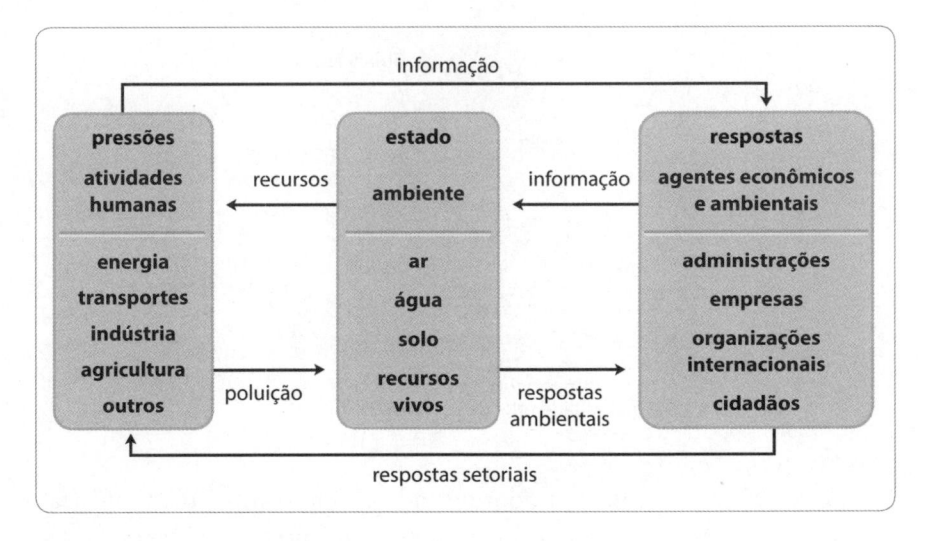

```
                          informação
      ┌──────────────────────────────────────────────────────┐
      ↓                                                      │
┌─────────────┐           ┌─────────────┐          ┌──────────────────┐
│  pressões   │           │   estado    │          │    respostas     │
│  atividades │←─recursos─│             │←─informação─│ agentes econômicos│
│  humanas    │           │  ambiente   │          │   e ambientais   │
├─────────────┤           ├─────────────┤          ├──────────────────┤
│  energia    │           │     ar      │          │  administrações  │
│  transportes│           │    água     │          │     empresas     │
│  indústria  │           │    solo     │          │   organizações   │
│  agricultura│           │   recursos  │          │  internacionais  │
│   outros    │─poluição→ │    vivos    │─respostas→│     cidadãos     │
└─────────────┘           └─────────────┘ ambientais└──────────────────┘
      ↑                                                      │
      └──────────────────── respostas setoriais ─────────────┘
```

Seleção dos indicadores

O processo de seleção dos indicadores deve seguir um conjunto de critérios objetivos, exequíveis e verificáveis, que justifiquem sua escolha. Os indicadores escolhidos devem refletir o significado dos dados na forma original, satisfazendo, por um lado, a conveniência da escolha, e, por outro, a precisão e a relevância dos resultados.

Alguns dos critérios que podem orientar os processos de seleção dos indicadores são:

- existência da linha de base (*baseline*), ou dados preexistentes;
- possibilidade de intercalibração;
- possibilidade de comparação com critérios legais ou padrões/metas existentes;
- facilidade e rapidez de determinação e interpretação;
- grau de importância e validação científica;
- sensibilidade do público-alvo;

- custo de implementação;
- rapidez de atualização.

A maioria dos indicadores não preenche todos os critérios desejáveis. Logo, deve haver um compromisso de otimização entre os critérios possíveis e aqueles que são tidos como mais relevantes em cada caso.

Aperfeiçoamento dos indicadores

Alguns pontos devem ser considerados para a melhoria futura dos indicadores de desenvolvimento sustentável. Existem, internacionalmente, várias propostas de metodologias para avaliar o desempenho dos países em matéria de sustentabilidade. Atualmente, identificam-se diferentes exemplos de aplicação, que utilizam, geralmente, diferentes abordagens.

Os sistemas de indicadores disponíveis são, em sua maioria, baseados na avaliação dos aspectos ambientais. Os aspectos institucionais costumam ser ignorados, apesar de a Comissão para o Desenvolvimento Sustentável da ONU recomendar a avaliação dos quatro aspectos.

Nenhum dos sistemas de indicadores considera a avaliação de assimetrias regionais no interior de um mesmo país – o que é significativo em países com grandes diferenças regionais, como o Brasil.

Os indicadores refletem, de forma clara, a horizontalidade implícita à abordagem do conceito de desenvolvimento sustentável. Nessa perspectiva, a cooperação institucional e a ligação com outros mecanismos de avaliação assumem especial importância.

Autoavaliações

Questão 1:

No passado, a poluição era considerada como um mal necessário ao desenvolvimento, apesar de ser indesejável.
Atualmente, podemos entender a poluição como:

a) recurso produtivo estupidamente desperdiçado.
b) matéria-prima que impede a geração de resíduos.
c) matéria-prima barata e bem utilizada pelas empresas.
d) recurso natural bem preservado para gerações futuras.

Questão 2:

Quando pensamos em desenvolvimento sustentável, chegamos ao conceito de *ecoeficiência* – inserção, no mercado, de bens e serviços que supram as necessidades humanas.
Dessa forma, podemos afirmar que esse conceito também contribui para:

a) avaliar os indicadores que medem o desenvolvimento sustentável.
b) reduzir impactos ambientais e aumentar o uso de recursos naturais.
c) proporcionar melhor qualidade de vida para todos os seres humanos.
d) maximizar os recursos não renováveis e reduzir impactos ambientais.

Questão 3:

O modelo de Hart e Milstein apresenta os componentes básicos para criação de valor em favor dos acionistas. As dimensões hoje/amanhã e interno/externo desse modelo, situam os fatores reputação e legitimidade no segundo quadrante.

Em outras palavras, podemos dizer que esses fatores estão situados em:

a) hoje/interno.
b) hoje/externo.
c) amanhã/interno.
d) amanhã/externo.

Questão 4:

O primeiro desafio do desenvolvimento sustentável está associado à crescente industrialização.

Uma das vantagens geradas por essa industrialização consiste em:

a) crescimento e proliferação das ONGs.
b) consumo crescente de recursos naturais.
c) ampliação progressiva da visão corporativa.
d) produção de enormes benefícios econômicos.

Questão 5:

A disseminação da internet e das tecnologias da informação contribui para a comunicação em tempo real entre ONGs. Essa comunicação torna mais difícil a operação velada de governos, corporações e grandes instituições.

Portanto, podemos afirmar que essa comunicação contribui para que haja:

a) desenvolvimento sustentável.
b) conduta antiética e irresponsável.
c) evolução tecnológica desenfreada.
d) distorção de informações nas ONGs.

Questão 6:

O desenvolvimento sustentável amplia a visão corporativa. Incorporam-se aos propósitos corporativos a preocupação com o valor ao acionista e demais *stakeholders*, o reforço da reputação e o cuidado com o meio ambiente.

Portanto, incorporando o desenvolvimento sustentável aos negócios, as lideranças empresariais aprendem a:

a) visualizar os benefícios econômicos como secundários.
b) manter as mesmas formas de diálogos com *stakeholders*.
c) manter o foco imparcial sobre atuais realidades econômicas.
d) visualizar a poluição como mal necessário ao desenvolvimento.

Questão 7:

Até o início da década de 1990, o mundo era, basicamente, bipolar: governo e não governo. Gradativamente, essa realidade vai sofrendo mudanças.

A partir dessas mudanças, o mundo passa a apresentar uma tripolaridade caracterizada por:

a) EUA, União Europeia e China.
b) ONGs, governos e sociedade civil.
c) Nações Unidas, Unesco e ONGs.
d) empresas, sociedade civil e governos.

Questão 8:

Diante do cenário estabelecido, as empresas perceberam que, ignorando as ONGs, teriam muito a perder.

Um motivo que levou as empresas a essa conclusão foi:

a) o capital social da empresa, crucial para os negócios globalizados.
b) a influência de políticos em ONGs por causa de poder econômico.
c) o grau de sofisticação das ONGs em suas atividades e campanhas.
d) a aliança entre corporações multinacionais e ONGs contra governos.

Questão 9:

Conscientes da preferência dos consumidores por organizações que atendam melhor às demandas éticas, sociais e ambientais, algumas empresas estão dando os primeiros passos para que suas ações reflitam a nova postura de seus clientes.

Uma das exigências dos consumidores, capaz de refletir uma sensibilidade socioambiental e ética, consiste na garantia de que os produtos sejam:

a) produzidos para satisfazer as mesmas necessidades.
b) necessários e assegurem sua prosperidade no futuro.
c) menos onerosos, menos industrializados e recicláveis.
d) fabricados em conformidade com direitos trabalhistas.

Questão 10:

Para que faça sentido o uso de indicadores, é necessário que sejam estabelecidas metas a serem atingidas.

Dessa forma, será possível avaliar o desempenho:

a) das empresas em relação à poluição.
b) do país em relação à sustentabilidade.
c) das empresas em relação ao lucro anual.
d) do país em relação à produção de energia.

Módulo II – Gestão ambiental

Módulo II – Gestão ambiental

Neste módulo, analisaremos as abordagens da gestão ambiental. Para tal, mapearemos os principais problemas e as principais mudanças ambientais, tidos como globais. Veremos ainda como, ao longo das últimas décadas, esses problemas proporcionaram o surgimento de diversos acordos multilaterais, bem como o de órgãos intergovernamentais para administrá-los.

Como os impactos ambientais de origem industrial podem ultrapassar as fronteiras, descreveremos as dimensões regionais, nacionais e locais desses impactos. Analisaremos ainda as três formas de abordagem dos problemas ambientais praticadas pelas empresas.

Mudanças ambientais

Aquecimento global

A Terra passa, regularmente, por períodos frios denominados *eras glaciais*. Os períodos mais amenos são chamados de *interglaciais*. No passado, essas transformações se processavam em um ritmo muito lento (medidas em centenas de milhares de anos) e, naturalmente, eram imperceptíveis no espaço de uma geração. Hoje, essas alterações (que se processavam em ciclos mais ou menos previsíveis antes da humanidade) vêm-se acelerando, rapidamente, com a intensificação da atividade humana.

A atividade humana tem sido responsável pela crescente geração de gases de efeito estufa, que se acumulam na atmosfera terrestre em uma velocidade considerada inédita pelos cientistas. Essas são mudanças climáticas severas que redesenham a paisagem global.

Destruição da camada de ozônio

O ozônio (O_3) é um gás rarefeito – cujas moléculas são formadas por três átomos de oxigênio – que se concentra nas camadas superiores da atmosfera. Quando está a 15 km da superfície da Terra, forma uma espécie de escudo, com cerca de 30 km de espessura, que protege o planeta dos raios ultravioleta do sol.

Temos contato com o ozônio, por exemplo, quando sentirmos um levemente doce que sempre emana de um transformador elétrico – desses que acionam brinquedos ou equipamentos domésticos, controlando sua velocidade ou direção. O transformador converte a eletricidade que dispomos em nossas casas em um tipo de eletricidade que o brinquedo ou equipamento precisa. O cheiro é produzido por uma substância química específica gerada pela eletricidade que passa pelo ar: o ozônio. Alguns pesquisadores afirmam que o cheiro da chuva também é originária do ozônio, outros alegam que são bactérias.

O ar que respiramos é composto de, aproximadamente, 20% de oxigênio (O_2). O ozônio (O_3) é uma combinação muito mais rara dos átomos do oxigênio. No exemplo do transformador, sua imperfeição no funcionamento causa uma minúscula faísca elétrica que rompe as ligações das moléculas de oxigênio que encontra:

$$O_2 + \text{energia} = O + O$$

Os átomos solitários de oxigênio são quimicamente reativos e, combináveis com as moléculas adjacentes (onde R = qualquer molécula), fazem o seguinte:

$$O + O_2 + R = O_3 + R$$

Nesse caso, R significa qualquer terceira molécula. Ela não é consumida na reação, mas é necessária para que aconteça. R é um catalisador. Há muitas moléculas R ao redor de nós, principalmente nitrogênio molecular.

É assim que acontece a reação que produz o ozônio reativo junto ao solo. E não é só nos transformadores elétricos que essa reação acontece, mas também nos motores dos carros e nos fornos das indústrias, contribuindo bastante para a poluição industrial.

O mais importante a saber é que o maior perigo não é ozônio demais junto ao solo, mas sua falta na atmosfera, permitindo a passagem de raios ultravioletas que, mais que o câncer de pele, exterminarão gradativamente as bactérias do solo e o fitoplâncton nos oceanos, reduzindo a produtividade microbiológica em nosso maltratado planeta.

O primeiro alerta sobre o problema global da redução da camada de ozônio foi dado pela Nasa, a partir de estudos feitos entre 1979 e 1986, quando constataram que o escudo da Terra vem perdendo espessura e apresenta um buraco de 31 milhões de km² sobre a Antártida – área equivalente a 15% da superfície terrestre. Em fevereiro de 1992, a Nasa identificou um segundo buraco, sobre o Polo Norte, que chega às regiões próximas ao Círculo Polar Ártico.

A redução da camada de ozônio aumenta a exposição aos raios ultravioleta do sol, o que acarreta um crescimento dos casos de câncer de pele e de doenças oculares, como a catarata. O buraco existente na Antártida atrasa a chegada da primavera na região e provoca quebras na cadeia alimentar da fauna local. Além disso, pode contribuir para aumentar a temperatura e acelerar o degelo das calotas polares.

Alterações climáticas

A década mais quente já registrada, em nível global, foi a década de 1990. Essa tendência ao aumento geral das temperaturas foi observada também nos últimos cinco anos.

O problema do aquecimento global passou a ser considerado, na agenda internacional, após a realização da Primeira Conferência Mundial do Clima, em 1979. Nesse momento, foi pedido ao governo que antevisse e prevenisse as potenciais mudanças no clima causadas por ações humanas. As mudanças ambientais afetam a vida de todas as espécies, inclusive, a vida da espécie humana.

Em 1998, o Pnuma e a Organização Mundial de Meteorologia (OMM) – em inglês, World Meteorological Organization (WMO) – criaram o Painel Intergovernamental sobre Mudanças Climáticas – Intergovernmental Panel on Climate Change (IPCC) – que apresentou seu primeiro relatório de avaliação científica em 1990, durante a Segunda Conferência Mundial do Clima. Essa conferência, com base na avaliação científica do IPCC, solicitou que os governos iniciassem uma negociação para a elaboração de uma convenção internacional para tratar das mudanças climáticas. O mais recente relatório do IPCC, realizado em 2001, detalha a situação da atmosfera, do clima e dos sistemas biológicos no século XX.

Alterações globais

A imprensa mundial vem relatando, com uma frequência nunca vista, alterações ambientais em quase todos os cantos do planeta. Vejamos alguns exemplos:

- Santa Catarina – o ciclone Catarina, que se formou, recentemente, no litoral sul do Brasil, foi considerado, por cientistas ingleses, como um sinal antecipado da mudança do clima. Por cálculos de especialis-

tas, tormentas assim serão normais, nessa região do Atlântico, daqui a uma década;
- Antártida – imensos blocos de gelo têm-se desprendido dos polos. Um desses blocos (com 720 bilhões de toneladas de gelo e três vezes maior que a cidade do Rio de Janeiro) desprendeu-se, em 2002, da Antártida;
- Veneza – há dois séculos, a praça de São Marcos, em Veneza, era inundada uma ou duas vezes por ano. Agora, a mesma praça é interditada quase toda semana devido ao avanço das águas;
- Louisiana – no sul dos Estados Unidos, o estado de Louisiana perde 16 hectares de terra por dia;
- Flórida – os pântanos turísticos da Flórida (Everglades) podem desaparecer até o fim deste século;
- Bangladesh e China – países asiáticos como estes estão perdendo faixas de terras férteis, usadas para o cultivo do arroz;
- Himalaia – a camada de neve em todo o planeta diminuiu 10% desde a década de 1960. Houve um recuo significativo dos glaciares. As neves eternas que cobrem o Himalaia recuam cerca de 30 metros por ano. As estimativas apontam que, nesse ritmo, até 2035, não haverá mais gelo nas partes central e oriental da cadeia de montanhas;
- Ártico – o gelo do Ártico perdeu 40% de seu volume em cinco décadas. Uma consequência do encolhimento da calota polar é o surgimento de ursos anões. Com a redução das áreas de caça e, consequentemente, da oferta de alimentos, os ursos desmamam mais tarde e crescem menos a cada geração. As raposas vermelhas estão perdendo espaço para suas parentes, que viviam em latitudes mais baixas e migraram em direção ao norte à procura de temperaturas mais frias;
- Inglaterra – certas espécies de borboletas e pássaros não são mais vistas em seu *habitat*;
- Costa Rica – uma espécie de sapo foi extinta depois que uma seca (jamais observada) interrompeu seu ciclo de reprodução. Os recifes e as barreiras de coral estão manifestando um branqueamento típico de mortes dos pólipos de coral pelo aquecimento da água;
- Europa ocidental – milhares de mortes foram atribuídas a uma onda inédita de calor no verão de 2003. Um estudo da WMO, ligada às Nações Unidas, estima que, pelo menos, 160 mil pessoas morrem por ano em consequência das mudanças no clima. Entre as causas da

mortandade, está a elevação das marés, que inviabiliza fontes de água na foz de rios;
- Egito – o avanço do mar deixa a água do rio Nilo salobra e afeta o abastecimento e a agricultura na região.

Desastres

Diversos desastres ambientais aconteceram em diferentes momentos da história. Vejamos:

A) Antiguidade:

Diversas experiências foram feitas para remover o lixo urbano que infestava as cidades, causando inúmeras doenças a seus habitantes.

B) Era medieval:

As primeiras manifestações de gestão ambiental foram determinadas pelo esgotamento dos recursos. Esse foi o caso da escassez de madeira – com exploração intensiva para fundição do ferro, construção de moradias, fortificações, mobiliário, instrumentos, armas e como combustível para aquecimento e preparação de alimentos.

C) Revolução Industrial:

A partir da Revolução Industrial, as ações para reduzir a poluição foram iniciadas efetivamente.

D) Século XIX:

Somente no século XIX, a comunidade científica mundial iniciou a pressão sobre os governos para que delimitassem e protegessem áreas de vida selvagem.
O exemplo mais antigo de que se tem conhecimento foi a criação do Parque Nacional de Yellowstone, nos Estados Unidos, em 1872, consi-

derado o primeiro no mundo. A segunda metade do século XIX foi marcada por grandes catástrofes ambientais, que ceifaram vidas humanas e modificaram ecossistemas preciosos.

E) Séculos XX e XXI:

Entre as grandes catástrofes ambientais, algumas merecem destaque:

- acidente industrial de Minamata, Japão, só admitido em 1972, mas com a contaminação iniciada antes da II Grande Guerra – mercúrio;
- acidente nuclear de Flisborough, Reino Unido, em 1974;
- acidente industrial de Seveso, Itália, em 1976 – agente laranja;
- acidente marítimo com o navio Amoco Cadiz, costa da Bretanha Francesa, em 1978;
- acidente nuclear de Three Miles Island, Estados Unidos, em 1979;
- acidente industrial de Bhopal, Índia, em 1984 – pesticidas;
- acidente industrial de Basileia, Suíça, em 1986 – agrotóxicos;
- acidente nuclear de Chernobyl, Ucrânia, em 1986;
- acidente nuclear de Goiânia, Brasil, em 1987;
- acidente marítimo com o navio Exxon Valdez, costa do Alasca, em 1989;
- vazamento na refinaria da Petrobras, Baía de Guanabara, em 2000;
- acidente marítimo com o navio Prestige, costa de Espanha e França, em 2002;
- explosão e vazamento da plataforma de petróleo da BP no Golfo do México, em 2010.

Denúncias

A segunda metade do século XX foi marcada pelas denúncias e pelos debates sobre a poluição ambiental. Um exemplo disso foi a interrupção da fabricação do DDT – usado, largamente, até então, na agricultura e considerado um milagre no combate às pragas agrícolas e à malária.

O ponto alto dessa luta foi o *best-seller* da cientista Rachel Carson, *Silent spring*, de 1962, que mostrou como o DDT penetrava na cadeia alimentar e acumulava-se nos tecidos gordurosos dos animais – inclusive no homem –, com o risco de causar câncer e danos genéticos. Poucas pessoas se preocupavam, até ali, com problemas de conservação ou com a extinção de algumas ou muitas espécies.

Pela primeira vez, a necessidade de regulamentar a produção industrial de modo a proteger o meio ambiente se tornou aceita. A maior contribuição dessa obra foi a conscientização pública de que a natureza é vulnerável à intervenção humana.

Era do clima e da energia

Mudanças climáticas e as Conferências do Clima da ONU

As reuniões promovidas pela ONU, conhecidas como Reuniões das Partes da Convenção-Quadro das Nações Unidas sobre a Mudança do Clima (Climate Change Conference), são chamadas mundialmente de Conferências das Partes (COPs).

Os participantes diretos das COPs são:

- os políticos;
- as organizações não governamentais (ONGs);
- os representantes da mídia;
- os observadores internacionais;
- a opinião pública mundial.

Esses participantes, de modo geral, deixam sempre claro que estão decepcionados com a falta de um acordo objetivo para a redução das emissões dos gases de efeito estufa (GEE), ou seja, o principal objetivo do encontro. Entretanto, como aspecto positivo, sem encontros como as COPs ou a Rio+20, não teríamos intercâmbios de experiências nem uma agenda internacional mínima para pôr as questões ambientais em pauta. O mundo ficaria à mercê das políticas de cada país. Com isso, há uma crescente mobilização da opinião pública, em várias frentes, para a preservação ambiental. A partir da cobertura da mídia internacional, diversos aspectos positivos são destaques nesses encontros:

- extraordinária sensibilização pública mundial;
- mobilização de chefes de Estado e de governo que comprometem-se, pessoalmente, a chegar a um acordo sobre compromissos concretos;
- número recorde de participantes a cada encontro.

COP 15

A COP 15, organizada pela ONU, em dezembro de 2009, em Copenhague, na Dinamarca, foi um importante capítulo na história das negociações ambientais globais, pois marcou um período de incerteza energética, nos mercados mundiais, ocasionada pela crise econômica de 2008 e pelo aumento progressivo dos preços da energia.

A partir de 2008, passou-se a sentir o efeito da crise sobre as energias fósseis, uma vez que estão indexadas, diretamente, ao preço do petróleo (combustível, gás e uma porcentagem de eletricidade), e sobre o carvão.

COP 16

Realizada em 2010, na cidade de Cancun, no México, a COP 16 deu ênfase ao processo de continuidade do Protocolo de Quioto e à ampliação dos debates sobre o Programa de Redução de Emissões por Desmatamento e Degradação Florestal (REDD).

O fato mais relevante para o Brasil foi a regulamentação da Política Nacional de Mudanças Climáticas (Decreto 739). Esse documento define como o Brasil vai quantificar as emissões de gases e como vai conseguir atingir as metas que ofereceu em Copenhague, em 2009, para reduzir sua trajetória de crescimento de emissões entre 36,1% e 38,9% até 2020. As emissões do ano 2005 foram de 2,2 GtCO2eq.[6]

---

[6] Equivalência em dióxido de carbono (em inglês, *carbon dioxide equivalent*), CO_2eq ou CO_2e, é uma medida internacionalmente aceita que expressa a quantidade de gases de efeito estufa (GEEs) em termos equivalentes da quantidade de dióxido de carbono (CO_2). A equivalência leva em conta o potencial de aquecimento global dos gases envolvidos e calcula quanto de CO_2 seria emitido se todos os GEEs fossem emitidos como esse gás. A CO_2eq é usada para comparar as emissões de diversos gases de efeito estufa baseado na quantidade de dióxido de carbono que teria o mesmo potencial de aquecimento global (GWP), medido em um período de tempo especificado (geralmente, 100 anos). Por exemplo, o Potencial de Aquecimento Global do metano é 21 e do óxido nitroso é 310. Isso significa que a emissão de 1 milhão de toneladas métricas de metano e óxido nitroso é equivalente a emissões de 21 e 310 milhões de toneladas métricas de dióxido de carbono, respectivamente. (Disponível em: <pt.wikipedia.org/wiki/Equivalência_em_dióxido_de_carbono>. Acesso em: 28 fev. 2013.)

COP 17

Realizada em dezembro de 2011, em Durban, na África do Sul, a COP 17 teve representados quase 200 países, que conseguiram fechar um acordo. Foi a mais longa COP da história, terminando cerca de 36 horas depois do previsto.

Vejamos as principais decisões tomadas durante a COP 17:

Quadro 1
PRINCIPAIS DECISÕES DA COP 17

Temas	Resultados da COP 17
Plataforma de Durban	Foi redigido um texto de uma página e meia batizado de Plataforma de Durban, que estabelece um calendário para criar, em 2015, "um protocolo, outro instrumento legal ou um resultado acordado com força legal" que possa entrar em vigor até 2020. Por meio desse instrumento, todos os países do mundo terão de se comprometer a atingir metas obrigatórias de redução de emissões.
Protocolo de Quioto	Após muita discussão, foi aprovada a segunda fase de Quioto, que deve começar em 2013 e seguir até 2017, com meta de reduzir de 24% a 40% as emissões de gases estufa com relação a 1990. Quioto continua sendo aplicado aos países industrializados, mas Estados Unidos, que nunca ratificaram o protocolo, seguem sem metas de redução obrigatórias até um novo acordo global. Japão, Rússia e Canadá também não irão participar. O novo período é chamado de "Quiotinho", já que terá menos participantes do que a primeira fase – praticamente, só países da União Europeia e Austrália.

continua

Fundo Verde Clima	Foram aprovados os mecanismos de funcionamento do Fundo Verde Clima e sua capitalização. Contribuições diretas dos orçamentos dos países desenvolvidos, como Alemanha, Dinamarca e Grã-Bretanha, e de outras fontes alternativas de financiamento (não especificadas), assim como investimentos do setor privado serão as fontes de verbas principais para atingir a meta de liberação de U$ 100 bilhões por ano até 2020. Distribuídos em partes iguais entre países desenvolvidos e em desenvolvimento, o comitê executivo do Fundo será formado por 24 membros. O principal objetivo do Fundo Verde é que países pobres e em desenvolvimento tenham uma fonte internacional de recursos para aplicar em projetos nacionais de mitigação e adaptação às mudanças climáticas.

Vale ressaltar, contudo, que não ficou estabelecido se haveria algum outro compromisso para controlar emissões entre o final da segunda fase, em 2017, e o início do próximo acordo global, em 2020, deixando essa decisão para a COP 18.

COP 18

A COP 18 da Organização das Nações Unidas sobre Mudança do Clima, realizada em Doha, no Catar, terminou, em dezembro de 2012, sem conseguir resultados satisfatórios.

Depois de um impasse que travou as negociações, os delegados aprovaram o segundo período do Protocolo de Quioto, que irá durar de 2013 a 2020 e garantirá um corte de 18% dos gases de efeito estufa sobre os níveis de 1990 – muito pouco comparado às metas de 25% e 40% que os cientistas afirmam ser importante para conter o aquecimento global. A decisão adiada é do que será acordado em 2015 para começar a ser feito a partir de 2020.

O novo acordo pós-Quioto, que deverá ser colocado em prática em 2020, envolverá todos os países. Nessa prorrogação do protocolo, aprovada em Doha, apenas o bloco europeu e a Austrália seguem com metas de redução. Japão, Nova Zelândia, Rússia e Canadá estão de fora dessa nova fase, e os Estados Unidos nem quiseram tocar no assunto. Tudo o que se conseguiu em Doha foi uma prolongação de um plano de trabalho.

Acordo de Copenhague

O resultado final da COP 15 foi o Acordo de Copenhague. O Acordo de Copenhague foi assinado no último minuto, após acirrada negociação entre líderes dos países do grupo Basic (Brasil, África do Sul, Índia e China), dos Estados Unidos e da União Europeia. Nesse momento, tomou-se nota da Convenção-Quadro das Nações Unidas sobre as Alterações Climáticas – em inglês, United Nations Framework Convention on Climate Change (UNFCCC). No acordo, os países desenvolvidos se comprometeram a cortar 80% de suas emissões de GEE até 2050.

Para 2020, os líderes desses países apresentaram uma proposta de reduzir as emissões em até 20%. Essa porcentagem está abaixo do que é recomendado pelo IPCC, que sugere uma redução entre 25% e 40% até 2020.

Dessa forma, entre os principais pontos, podemos citar que o Acordo de Copenhague:

- não possuía caráter vinculante a metas;
- considerava o aumento limite de temperatura de 2ºC, porém não especificava qual deveria ser o corte de emissões necessário para alcançar essa meta;
- estabelecia uma contribuição anual, denominada *fundo verde*, que previa a alocação de recursos da ordem de US$ 10 bilhões, a serem liberados entre 2010 e 2012, para que os países mais vulneráveis, como as ilhas da Oceania, combatam os efeitos da mudança climática, e US$ 100 bilhões anuais a partir de 2020 para a mitigação e adaptação. Parte do dinheiro previsto, US$ 25,2 bilhões, seria da responsabilidade dos Estados Unidos, da União Europeia e do Japão. Pela proposta apresentada, os Estados Unidos deveriam contribuir com US$ 3,6 bilhões no período de três anos, de 2010 a 2012. No mesmo

período, o Japão deveria contribuir com US$ 11 bilhões, e a União Europeia com US$ 10,6 bilhões. Até o final de 2012, por conta do agravamento da crise financeira, pouco havia sido investido;
- estabelecia, também, que os países providenciem informações nacionais sobre a forma como estão combatendo o aquecimento global, por meio de consultas internacionais e análises feitas sobre padrões claramente definidos, a fim de oferecer transparência às informações;
- reconhecia a importância de reduzir as emissões produzidas pelo desmatamento e pela degradação das florestas, além de concordar em promover incentivos positivos para o financiamento dessas ações com recursos do mundo desenvolvido;
- a respeito do mercado de carbono, decidiu seguir vários enfoques, incluindo as oportunidades de usar os mercados para a melhoria da relação custo-rendimento e para a promoção de ações de mitigação;
- manteve o apoio ao modelo de financiamento via Mecanismo de Desenvolvimento Limpo (MDL), dentro do contexto do Protocolo de Quioto, e o financiamento do Programa de Redução de Emissões por Desmatamento e Degradação Florestal (REDD), que entrou na carta de intenções.

Floresta em pé

As florestas tropicais são parte fundamental de estabilidade no clima e de grande parte da biodiversidade planetária. Nesse sentido, a proteção das florestas tropicais representa um importante caminho para o equilíbrio. Por exemplo, o Brasil e a Indonésia só estão em terceiro e quarto países mais poluidores, respectivamente, porque desmatam e queimam suas florestas tropicais – e não por serem países industriais como Estados Unidos e China. Nesse contexto, podemos identificar o princípio do REDD: criar valores econômicos para a *floresta em pé* ou o *desmatamento evitado*.

Como em outros mercados, um poluidor poderá compensar suas emissões comprando créditos de quem ainda tem o que conservar, como é o caso do Brasil. Por outro lado, se um dono de floresta mantiver sua mata sem sofrer desmatamento, será recompensado financeiramente. Esse mercado tem potencial para render mais de três vezes do que a soja ou o gado, ou mesmo a madeira, que, quase sempre, é comercializada de uma só vez.

Ao contrário do MDL – que não inclui as florestas naturais remanescentes –, o REDD vai além do Protocolo de Quioto. O REDD propõe compensações financeiras aos proprietários de matas naturais que se prontificarem a proteger suas florestas por 60 anos. Durante todo esse período, os proprietários ganharão para assegurar os serviços ambientais que as florestas oferecem. Os cálculos acadêmicos sobre o potencial de rendimento da compensação de emissões podem ser acessados em <www.oeco.com.br>.

A versão REDD da ONU pode levar de cinco a 10 anos para se consolidar. Mas, a estimativa é que os mercados norte-americanos serão mais rápidos, podendo iniciar transações de três a cinco anos. Todavia, é importante chamar a atenção para o fato de o mercado mundial voluntário já ter começado. A Noruega, por exemplo, criou um fundo doando US$ 500 milhões/ano para ser investido no desmatamento evitado.

O governo brasileiro tem-se posicionado contra o desmatamento evitado ou a criação de um mercado, temendo riscos à soberania nacional. O governo prefere apostar na possibilidade de um fundo internacional que lhe permita proteger melhor nossas florestas.

A proposta brasileira para a Convenção das Nações Unidas para Mudanças Climáticas[7] é:

- escopo – desmatamento, degradação, promoção;
- nível de referência – histórico, histórico ajustado e projetado;
- distribuição – mecanismo de redistribuição e mecanismo adicional;
- financiamento – mercado direto, vinculado ao mercado, fundo voluntário e abordagem de fases;
- escala – subnacional, nacional e global.

O Brasil propõe o estabelecimento de um fundo voluntário para o qual os países desenvolvidos fornecem novos recursos financeiros a serem acrescentados a financiamentos já existentes. Os países em desenvolvimento terão direito a incentivos financeiros a serem acessados *a posteriori*, após demonstrarem – de forma transparente e confiável – que reduziram suas emissões de desmatamento. Os incentivos devem basear-se em uma comparação entre a taxa de emissões de desmatamento ao longo de um período de tempo transcorrido e uma taxa de referên-

---

[7] Código UNFCCC do Documento: FCCC/SBSTA/2006/MISC.5,FCCC/SBSTA2007/MISC.2, FCCC/SBSTA/2007/MISC.14. Data: Fevereiro de 2007. Mais informações disponíveis em: <portugues.tnc.org/comunicacao-midia/publicacoes/pequeno-livro-do-redd.pdf>.

cia de emissão – *reference emissions rate* (RER). Reduções nas emissões serão creditadas e aumentos nas emissões serão convertidos em débito de futuros incentivos financeiros. O preço por tonelada de carbono para incentivos será negociável e revisado periodicamente. A contabilidade será feita no nível nacional e os incentivos serão distribuídos na mesma proporção que as reduções de emissões alcançadas por cada país. A RER é a taxa média de desmatamento ao longo de um período de 10 anos anteriores, a partir da época da implementação no contexto da UNFCCC, e será recalculada a cada três anos como a média das emissões de desmatamento dos últimos três anos, se as taxas tiverem caído abaixo da RER.

Mesmo acreditando que muitos países desenvolvidos seriam capazes de atitudes nobres em nome do interesse ambiental global, permanecer nessa postura nos coloca, sob a perspectiva internacional, com *chapéu na mão*. No entanto, essa imagem contraria nossos resultados econômicos positivos, com maiores investimentos na área socioambiental.

Independentemente da posição política dos governos, a sociedade civil tem mostrado uma notável capacidade de organização das comunidades e, por conseguinte, de suas cidades.

Falamos aqui de importantes atores na luta contra as mudanças climáticas e suas consequências negativas. Por exemplo, uma iniciativa notável ocorreu nos Estados Unidos, antes da ratificação do Protocolo de Quioto pelo governo Obama. Mesmo sem a ratificação do governo federal norte-americano, estados e comunidades fizeram progressos consideráveis na gestão ambiental estratégica, notadamente, no estado da Califórnia.

Em resumo, o plano atual de controle das substâncias que destroem a camada de ozônio, resultantes das várias emendas e ajustes ao Protocolo de Montreal, é o seguinte:

- os países desenvolvidos foram intimados a terminar com a produção de *halons* até 1994; CFCs, tetracloreto de carbono, metilclorofórmio e HBFCs até 1996; bromoclorometano até 2002; e brometo de metila até 2005;
- a produção de HFCs devia ser estabilizada até 2004, e seu consumo finalizado até 2030;
- os países em desenvolvimento foram requisitados a terminar a produção de HBFCs até 1996 e bromoclorometano até 2002. Terão de parar com a produção de CFCs, *halons* e tetracloreto de carbono até 2010, e

metilclorofórmio e brometo de metila até 2015. A produção de HCFCs deve ser estabilizada até 2016, e seu consumo terminado até 2040.

Mudanças e negociações

Negociações para COP 16

Na penúltima etapa de negociações climáticas, às vésperas da COP 16 – realizada em Cancún, em novembro de 2010 –, os países participantes aumentaram as demandas a serem negociadas. Por exemplo, houve o reforço das questões de adaptação e a defesa dos mecanismos de financiamento rápido, aumentando o poder de negociação desses países. Outro exemplo que vale ressaltar é a proposta da Bolívia para a redução de 50% das emissões de gases de efeito estufa (GEEs) por parte dos países desenvolvidos a partir de 2012 e a criação de um Tribunal de Justiça Climática. Esse aumento é o contrário do que seria desejável, uma vez que os acordos na COP 15 para o Acordo de Copenhague haviam sido árduos.

Como é de praxe nas negociações que antecedem a Conferência do Clima – realizada em Bonn, na Alemanha, no decorrer de 2010 –, os grupos técnicos solicitam propostas aos países participantes e os representantes diplomáticos fazem o detalhamento das propostas para que os políticos façam suas escolhas.

O lado positivo desse aumento é que os países em desenvolvimento conseguiram impor mais suas demandas, algo que não estava contemplado no texto original, baseado no acordo.

Metas de redução dos GEEs

O pano de fundo das divergências entre países em desenvolvimento e desenvolvidos são as metas de redução dos gases do efeito estufa (GEEs), que são:

- dióxido de carbono (CO_2) – queima de combustíveis fósseis: petróleo, gás natural, carvão, desmatamentos – libertam CO_2 quando ocorrem queimadas ou cortes. O CO_2 é responsável por cerca de 64% do efeito

estufa. Diariamente, são enviados cerca de 6 mil milhões de toneladas de CO_2 para a atmosfera. Tem um tempo de duração de 50 a 200 anos;
- clorofluorcarbono (CFC) – são usados em *sprays*, motores de aviões, plásticos e solventes utilizados na indústria eletrônica. Responsável pela destruição da camada de ozônio. Também é responsável por cerca de 10% do efeito estufa. Tem um tempo de duração de 50 a 1.700 anos;
- metano (CH_4) – produzido por campos de arroz, pelo gado e por aterros de lixo urbano e resíduos sólidos orgânicos. É responsável por cerca de 19% do efeito estufa. Tem um tempo de duração de 15 anos;
- ácido nítrico (HNO_3) – produzido pela combustão da madeira e de combustíveis fósseis, pela decomposição de fertilizantes químicos e pela atividade bacteriana. É responsável por cerca de 6% do efeito estufa;
- ozônio (O_3) – é originado por meio da poluição dos solos provocada por fábricas, refinarias de petróleo e veículos automóveis.

Os países em desenvolvimento argumentam a necessidade de crescimento – eles não podem limitar as emissões sem compromissos concretos para a disponibilização de fundos. Já os países ricos exigem metas mais audaciosas e não disponibilizam financiamento.

O aspecto mais importante de toda essa discussão é que ainda não há nenhuma definição sobre as metas de redução de GEEs para o período subsequente ao Protocolo de Quioto. Desse modo, parece inevitável que haja uma interrupção nas regras de emissão de GEEs entre o final do primeiro período do protocolo e a entrada de um novo acordo – qualquer que seja a forma que venha a tomar. Outra possibilidade é a prorrogação ou ampliação das metas de Quioto. Mais adiante, o novo acordo deve passar pelo processo de ratificação pelas partes. Cabe lembrar que o tempo entre a aprovação do Protocolo de Quioto e o início de sua implementação foi de oito anos.

Como tudo isso é demorado, as metas para adaptação e mitigação das mudanças climáticas serão irremediavelmente prejudicadas. Haverá impactos na luta contra o aquecimento global, sobre o mercado de carbono e sobre o próprio mercado. Esse atraso pode ainda sinalizar para a economia que as tecnologias limpas não são uma prioridade de investimento, retardando sua entrada no mercado.

Além disso, a demora na definição de um novo acordo pode prejudicar, também, o andamento do texto dos complexos compromissos de longo prazo.

Os principais compromissos de longo prazo são:

- transferência de tecnologia;
- financiamento;
- adaptação;
- estabelecimento de uma visão comum a respeito das ações a serem seguidas no futuro;
- mitigação das mudanças climáticas.

Fast money

O principal ponto de desavença em relação ao Acordo de Copenhague diz respeito ao fundo de emergência ligado a ações de adaptação aos efeitos do aquecimento global. Das negociações do encontro de Copenhague surgiu o chamado *fast money*.

O *fast money* disponibilizaria, a partir de 2010, US$ 10 bilhões anuais, até 2012, para os países mais pobres se adaptarem aos impactos das mudanças climáticas. Além disso, ficou acordado que, até 2020, o valor subiria para US$ 100 bilhões. Entretanto, os países mais pobres ainda não têm as garantias de que esses recursos serão liberados. A questão que causa controvérsias sobre o financiamento é a definição dos processos de governança do fundo.

Os países em desenvolvimento preferem uma instância diferenciada para a tomada de decisões. Por sua vez, os países desenvolvidos sugerem organismos multilaterais, como o Banco Mundial, que não têm muita credibilidade junto aos países mais pobres.

REDD

Outro ponto em que pouco se avançou foram as negociações sobre o mecanismo de Redução de Emissões por Desmatamento e Degradação Florestal (REDD). Ironicamente, o REDD era o ponto que especialistas acreditavam ter sido o maior avanço de Copenhague. As críticas tiveram origem na Parceria Florestal nos Países em Desenvolvimento, firmada por 50 países, em maio de 2010, em Oslo, na Noruega.

Representantes de alguns países criticaram a parceria, alegando que o processo é conduzido por apenas um grupo de países, além de haver um pequeno grau de participação de todos os membros da Convenção do Clima, o que compromete a reputação e a transparência do processo.

Auditoria internacional

De acordo com o estabelecido em Copenhague, seria criado um órgão para acompanhar as ações internas de mitigação das mudanças climáticas realizadas pelos países em desenvolvimento. Trata-se das ações *mensuráveis, reportáveis e verificáveis*, que servem como contrapartida voluntária aos compromissos de redução de emissões dos GEEs dos países desenvolvidos.

Os países desenvolvidos propõem que mesmo as ações que não recebam financiamento externo passem por rigoroso processo de controle e verificação, além de ter seus resultados cobrados internacionalmente. China e outros países em desenvolvimento consideram essa cobrança uma ingerência em seus assuntos internos. É uma questão delicada.

Acordos multilaterais

Evolução dos acordos multilaterais

A discussão, nas últimas décadas, dos grandes problemas ambientais globais proporcionou o surgimento de diversos acordos multilaterais, bem como o de órgãos intergovernamentais para administrá-los.

Vejamos as fases desses acordos:

A) Fase 1:

A evolução histórica dos acordos multilaterais remonta ao início do século XX. As convenções internacionais ambientais eram motivadas para interesses comerciais e preservação de certas espécies para fins econômicos, com o objetivo – fracassado – de regular a ação das devastações das florestas pelos colonos das metrópoles imperialistas no continente africano.

B) Fase 2:

Remonta ao período da Guerra Fria, quando surgem as iniciativas bem-sucedidas do Tratado Antártico, em 1959, e a implantação da temática ambiental na ONU e de suas entidades – Unesco, FAO e Pnuma.

C) Fase 3:

Fase atual, pós-Guerra Fria. Destaca-se a Rio-92, que consolida os conceitos de segurança ambiental e desenvolvimento sustentável.

Convenção de Viena

Em 1985, o Pnuma promoveu uma reunião em Viena, na Áustria, na qual 21 países e a Comunidade Europeia aprovaram e assinaram a Convenção de Viena para a Proteção da Camada de Ozônio. Essa era uma convenção-quadro, pois apenas definia o problema a ser resolvido e sua estrutura institucional, mas não impunha obrigações de redução do uso de substâncias que destroem a camada de ozônio.
Em 2004, a Convenção de Viena para a Proteção da Camada de Ozônio já contava com 187 países-membros. Dois anos mais tarde, mais seis países já tinham aderido à convenção.

Protocolo de Montreal

Em setembro de 1987, foi assinado o Protocolo de Montreal sobre as Substâncias que Destroem a Camada de Ozônio. Até março de 2004, esse protocolo tinha sido ratificado por 187 países.
O Protocolo de Montreal define medidas de controle para alguns CFCs e *halons* para os países desenvolvidos – redução de 50% no consumo de CFCs até o final de 1999. Se as decisões tomadas pelo Protocolo de Montreal, suas emendas e seus ajustes, forem respeitadas, os cientistas esperam que a camada de ozônio se estabilize e se recupere em cerca de 50 anos.
Aos países em desenvolvimento, foi permitido até aumentar o consumo dessas substâncias que destroem a camada de ozônio antes de assumirem os compromissos de redução.

Prozon

Com a finalidade de coordenar as ações internas para o atendimento do que foi estabelecido pelo Protocolo de Montreal, o governo brasileiro criou um grupo interministerial, o Prozon, do qual fazem parte:

- o Ministério do Meio Ambiente;
- o Ministério do Desenvolvimento, Indústria e Comércio Exterior;
- o Ministério da Ciência e Tecnologia;
- o Ministério das Relações Exteriores.

Em 1994, o Prozon encaminhou o Programa Brasileiro de Eliminação da Produção e Consumo das Substâncias que Destroem a Camada de Ozônio (PBCO) ao Fundo Multilateral do Protocolo de Montreal.

Diversidade biológica

A diversidade biológica – ou biodiversidade – significa a variabilidade de organismos vivos de todas as origens. Desse modo, a biodiversidade compreende os ecossistemas terrestres, marinhos e outros ecossistemas aquáticos, bem como os complexos ecológicos de que fazem parte. Além disso, compreende a diversidade dentro de espécies, de ecossistemas e entre espécies.

Não se trata apenas de proteger os animais, mas de cuidar do equilíbrio no planeta. Com esse objetivo, a Convenção sobre Diversidade Biológica (CDB) foi assinada por 156 países, incluindo o Brasil, durante a Conferência das Nações Unidas sobre Meio Ambiente e Desenvolvimento – a Rio-92.

A Convenção sobre Diversidade Biológica propõe uma série de estratégias para sua implantação, entre elas, a elaboração e a consecução de programas inovadores de conservação dos recursos *in situ* e *ex situ*, além da disseminação de informações e do retorno de benefícios gerado pela utilização da biodiversidade, inclusive de produtos advindos da biotecnologia.

Os objetivos da CDB são a conservação e o melhor conhecimento da diversidade biológica, o uso sustentável de seus componentes e a divisão justa e democrática dos benefícios alcançados pela utilização de recursos genéticos. A CDB prevê a ajuda financeira com recursos novos para que os países em desenvolvimento possam fazer frente aos custos para o atendimento às obrigações da convenção. Define também as condições para que os países industrializados tenham acesso ao material genético e a outros recursos biológicos dos países em desenvolvimento, e os termos por meio dos quais esses países terão acesso a tecnologias ambientais e a novas tecnologias desenvolvidas a partir de materiais e recursos encontrados em suas florestas. A distribuição dos benefícios prevê que, quando uma patente é gerada a partir de material genético retirado dos países em desenvolvimento, o país que gerou a patente deve repartir os lucros com o país em desenvolvimento.

Além de preconizar a conservação da biodiversidade e a utilização sustentável de seus componentes, essa convenção ressalta a necessidade da repartição justa e equitativa dos benefícios derivados dos usos diversos dos recursos genéticos. A CDB busca, acima de tudo, a compatibilização entre a proteção dos recursos biológicos e o desenvolvimento social e econômico.

A CDB entrou em vigor em 29 de dezembro de 1993 – três meses após sua ratificação pelo trigésimo desses países, a Mongólia –, e foi ratificada pelo Congresso Nacional Brasileiro em 1994. Na reunião de março de 2006, a convenção já contava com a adesão de 188 países.

Segundo a CDB, os países têm direito soberano sobre a biodiversidade de seus territórios, e possuem o dever de conservá-la e utilizá-la de forma sustentável. A falta de plena certeza científica não deve ser usada como razão para que não se tomem medidas destinadas a evitar ou minimizar a perda da diversidade biológica.

A biodiversidade brasileira pode ser assim representada:

- primeiro país em total de espécies – 3 mil espécies de vertebrados terrestres e 3 mil peixes de água doce;
- primeiro país em diversidade de mamíferos – 483 espécies continentais e 41 espécies marinhas;
- primeiro país em diversidade de anfíbios – 517 espécies;
- terceiro país em diversidade de aves – 1.677 espécies;
- quarto país em diversidade de répteis – 468 espécies.

Rio+20

"Economia Verde no contexto do Desenvolvimento Sustentável e da Erradicação da Pobreza" foi escolhido como tema principal para conduzir a discussão da Rio+20, em julho de 2012, no Rio de Janeiro. Dessa forma, as empresas ficaram sob os holofotes. Primeiro, porque não há como haver qualquer tipo de economia sem a participação empresarial, e, em segundo lugar, porque tanto empresas quanto governos e sociedade civil organizada deram sinais claros de amadurecimento. Vale lembrar que, há 20 anos, na Rio-92, o setor empresarial era considerado um vilão. No entanto, esse reconhecimento ainda não alcançou a sociedade como um todo, em que as empresas, em alguns casos merecidamente, ainda são encaradas como forças negativas contra a sustentabilidade. Ainda assim, mais de 300 compromissos individuais de empresas foram registrados no *site* da ONU. Outras se comprometeram com as plataformas transformadoras das Nações Unidas, como a Energia Sustentável para Todos, o Desafio de Fome Zero, a Plataforma da Indústria Verde e o Instituto Global de Crescimento Verde.

Grandes corporações, agências financeiras e governos desenharam um arcabouço para negócios inclusivos e cinco bolsas de valores mundiais, com 4.600 empresas, assumiram compromisso público para a promoção de investimentos sustentáveis.

No setor agrícola:

- 16 empresas lançaram princípios voluntários de boas práticas e políticas para a agricultura sustentável;
- 45 executivos enviaram um comunicado para os governos visando à melhor gestão dos recursos hídricos;
- 400 executivos aderiram aos Princípios de Empoderamento das Mulheres;
- 26 universidades endossaram a Declaração do Ensino Superior, que visa incorporar a sustentabilidade no ensino, pesquisa e gestão.

Também merecem destaque:

- os 10 compromissos assumidos pela Rede Brasileira do Pacto Global, com a adesão de, aproximadamente, 200 executivos;
- a Declaração dos Princípios de Sustentabilidade das Seguradoras, sendo que as maiores seguradoras brasileiras já são signatárias desses princípios;
- a criação do Centro Mundial de Desenvolvimento Sustentável Rio+ (Centro Rio+), uma ação do Programa das Nações Unidas para o

Desenvolvimento (Pnud) e Ministério do Meio Ambiente, com o apoio de dezenas de entidades da sociedade civil.

No cenário global, o Brasil é reconhecido potencialmente como um dos líderes da corrida dessa nova economia verde. Tem hoje uma boa vantagem competitiva inigualável por sua matriz energética limpa, grande biodiversidade e uma renda per capita em expansão. Contudo, essa posição foi conquistada sem planejamento. No nosso país, como em boa parte do mundo, sustentabilidade e desenvolvimento ainda não são pensados de forma integrada, o que dificulta a realização de projetos de médio e longo prazos, tais como a necessidade de incentivar atividades de baixo carbono, instituir o pagamento por serviços ambientais e estimular iniciativas sustentáveis para as áreas de habitação, saneamento, mobilidade, resíduos sólidos e formação profissional. A recomendação de um forte investimento no ensino básico, fundamental, médio e técnico é considerada estratégica para garantir a inovação, indispensável para a sustentabilidade.

Dimensões da gestão ambiental

O termo *gestão ambiental* envolve diretrizes e atividades administrativas e operacionais, realizadas com o objetivo de proteger o meio ambiente, quer eliminando ou reduzindo os danos e problemas causados pela ação do homem, quer evitando que eles surjam. As atividades administrativas e operacionais podem ser planejamento, direção, controle, alocação de recursos, entre outras.

A gestão ambiental envolve sempre três dimensões:

- dimensão espacial – define a abrangência em que as ações de gestão atuam;
- dimensão institucional – define o alcance institucional e os agentes responsáveis;
- dimensão temática – define as questões ambientais envolvidas.

Os principais componentes de cada uma dessas dimensões estão representados no quadro 2.

Quadro 2
Dimensões da gestão ambiental

Espacial	Institucional	Questões ambientais
global	empresa	ar, água e solo
regional	governo	fauna e flora
nacional	sociedade	chuva ácida
local	instituições	aquecimento global
setorial		camada de ozônio
empresarial		biodiversidade

Impactos ambientais

Os impactos ambientais de origem industrial podem ser internos ou externos, visto que a degradação ambiental pode ultrapassar fronteiras. Como as questões comerciais estão globalizadas, esse problema adquire uma dimensão internacional.

Mesmo quando restrita aos limites do país, a degradação ambiental representará sempre um custo para a empresa responsável, onerando o preço de seus produtos e tornando-a menos competitiva internacionalmente. Daí a importância que as normas ambientais adquirem nos blocos econômicos.

Gestão ambiental regional

Segundo Barbieri, existem três tipos de gestão ambiental na esfera regional:

- a primeira envolve tratamento regional em relação aos problemas ambientais globais comuns. Por exemplo, temos os acordos para disciplinar a pesca do atum no oceano Índico, de 1986, e a pesca no nordeste do Atlântico, de 1963 – ambas conduzidas pela FAO e dentro dos acordos globais relativos a mares e oceanos;

- a segunda está relacionada a iniciativas que buscam alcançar efeitos em dois ou mais países – geralmente, limítrofes – para resolver problemas específicos, tais como a gestão de uma bacia hidrográfica comum, o combate à chuva ácida. Por exemplo, os acordos celebrados entre o Brasil e seus vizinhos – Convenção para a Proteção da Flora, Fauna e Belezas Naturais dos Países Americanos, de 1948; Tratado da Bacia do Prata, de 1969; Tratado Amazônico, de 1978; e os diversos acordos para a conservação da fauna aquática nos rios fronteiriços;
- finalmente, a terceira trata do atendimento ao conjunto de medidas de um bloco econômico – União Europeia, Nafta, Mercosul.

Após a Conferência de Estocolmo, de 1972, a Comunidade Econômica Europeia (CEE), instituída no Tratado de Roma de 1957, criou o primeiro Programa de Meio Ambiente, planejado para vigorar de 1973 a 1979. Somente em 1987, por meio do Ato Único Europeu, foram introduzidas disposições específicas acerca do meio ambiente, elevando as exigências de harmonização das legislações nacionais sobre saúde, segurança, meio ambiente e defesa do consumidor.

O Tratado de Maastricht, de 1992, que funda a União Europeia, acrescenta, entre os objetivos do bloco, o crescimento sustentável e não inflacionário que respeite o meio ambiente.

A Diretiva 94/62/CE de 1994, da Comunidade Europeia, estabelece medidas para prevenir a geração de resíduos de embalagens, adotando a reutilização e a reciclagem, bem como a redução de seu volume para a disposição final. A União Europeia conta também com instrumentos de gestão ambiental para apoio à pesquisa e ao desenvolvimento na área ambiental.

Criado pelo Tratado de Assunção, de 1991, o Mercosul é um bloco que pretende estabelecer uma zona de livre comércio e aduaneira entre Argentina, Brasil, Paraguai e Uruguai. Somente em 2002, foi assinado, no Mercosul, um acordo-quadro sobre meio ambiente, tendo como objetivo o desenvolvimento sustentável.

Para alcançar os objetivos desse acordo, foram enumerados os seguintes princípios:

- promoção da proteção do meio ambiente e aproveitamento mais eficaz dos recursos disponíveis, mediante a coordenação de políticas setoriais;

- incorporação da componente ambiental nas políticas setoriais e inclusão das considerações ambientais na tomada de decisões do Mercosul;
- promoção do desenvolvimento sustentável por meio do apoio recíproco entre os setores ambientais e econômicos;
- tratamento prioritário e integral às causas e fontes dos problemas ambientais;
- promoção da efetiva participação da sociedade civil no tratamento das questões ambientais;
- fomento à internalização dos custos ambientais por meio do uso de instrumentos econômicos e regulatórios de gestão.

O Nafta foi assinado em dezembro de 1992. O início de sua vigência foi adiado até janeiro de 1994 pela pressão de grupos ambientalistas e sindicais, que exigiam acordos paralelos sobre assuntos trabalhistas e de meio ambiente. No contexto desses acordos paralelos, foi criada a Comissão para a Cooperação Ambiental da América do Norte (CCAAN).

Integrada por um secretariado com sede no Canadá, um conselho de ministros e um conselho consultivo público do qual participa a sociedade, a CCAAN busca as melhores formas para evitar conflitos ambientais entre os três sócios – México, Canadá e Estados Unidos.

Os especialistas afirmam que a relação entre comércio e meio ambiente é inegavelmente maior entre países vizinhos. Diversos estudos indicam que:

- mais da metade do ozônio no solo de Toronto, no Canadá, em um dia quente de verão, origina-se dos Estados Unidos;
- vários poluentes originários de Los Angeles e San Diego afetam a cidade mexicana de Tijuana;
- entre 15% e 25% das dioxinas depositadas no lago Michigan, no norte dos Estados Unidos, procedem de lugares distantes, como o sul do Texas;
- muitos dos produtos químicos voláteis lançados na atmosfera, na América do Norte e em outras regiões, aparecem no oceano Ártico e em zonas montanhosas dos três países sócios do Nafta. Entre as fontes desses poluentes, estão os geradores de energia, a indústria de exportação, o trânsito de caminhões de carga e o uso de produtos químicos na agricultura.

O Acordo para a Área de Livre Comércio das Américas (Alca) foi configurado em 2005. Os observadores afirmam que, nesse acordo, as cláusulas ambientais importantes estão ausentes. E isso não parece ser uma casualidade.

Iniciativas nacional e local

Não podemos limitar a gestão ambiental à discussão no nível macro. Dificilmente as iniciativas de gestão nas esferas globais e regionais terão sucesso se não forem acompanhadas de iniciativas nacionais e locais. É no dia a dia dos governos nacionais, estaduais e municipais e em suas subdivisões – com a participação das comunidades locais e ONGs – que, efetivamente, as ações de gestão ambiental acontecem.

Os dispositivos e princípios dos acordos multilaterais globais e regionais devem ser incorporados às legislações nacionais e locais para que seus benefícios possam ser percebidos por agentes econômicos, produtores e consumidores.

Entretanto – por motivação política, interesses e limitações específicas de cada país, estado ou município –, esses dispositivos e princípios são, na maioria das vezes, assimétricos em relação a sua efetiva implantação. Isso sem levar em consideração as características específicas de seus ambientes naturais – água, solo, reservas minerais, clima –, que exigem soluções específicas.

A gestão ambiental local não pode perder de vista os problemas globais, isto é, deve ser formulada também com o objetivo de contribuir para a solução ou a redução desses problemas. Esse é o sentido da expressão pensar *globalmente e agir localmente*.

Instrumentos de políticas

A gestão ambiental nacional e local se efetiva por meio da implantação de diversos instrumentos de políticas públicas e privadas, como podemos obsevar no quadro 3.

Quadro 3
GESTÃO AMBIENTAL NACIONAL E LOCAL

Gênero	Espécies
Comando e controle	▪ padrão de emissão; ▪ padrão de qualidade; ▪ padrão de desempenho; ▪ padrões tecnológicos; ▪ proibições e restrições sobre produção, comercialização e uso de produtos e processos; ▪ licenciamento ambiental; ▪ zoneamento ambiental; ▪ estudo prévio de impacto ambiental.
Econômico	▪ tributação sobre poluição; ▪ tributação sobre o uso de recursos naturais; ▪ incentivos fiscais para reduzir emissões e conservar recursos; ▪ financiamento em condições especiais; ▪ criação e sustentação de mercados ambientalmente saudáveis; ▪ permissões negociáveis; ▪ sistema de depósito-retorno; ▪ poder de compra do estado.
Outros	▪ apoio ao desenvolvimento científico e tecnológico; ▪ educação ambiental; ▪ implantação de unidades de conservação; ▪ informação ao público.

Gestão ambiental empresarial

Problemas ambientais

Há três formas de abordagem dos problemas ambientais praticadas pelas empresas – embora os limites entre elas nem sempre sejam nítidos, como podemos observar no quadro 4.

Quadro 4
ABORDAGEM DOS PROBLEMAS AMBIENTAIS

Características	Abordagens		
	Controle da poluição	Prevenção da poluição	Estratégica
Preocupação básica	Cumprimento da legislação e respostas às pressões da comunidade.	Uso eficiente dos insumos.	Competitividade.
Postura típica	Reativa.	Reativa e proativa.	Reativa e proativa.
Ações típicas	Corretivas. Tecnologias de remediação e de controle no final do processo – *end-of-pipe*. Aplicação de normas de segurança.	Corretivas e preventivas. Conservação e substituição de insumos. Uso de tecnologias limpas.	Corretivas, preventivas e antecipatórias. Antecipação dos problemas e obtenção de oportunidades, com soluções de médio e longo prazos. Uso de tecnologias limpas.

continua

Características	Abordagens		
	Controle da poluição	Prevenção da poluição	Estratégica
Percepção dos empresários e dos administradores	Custo adicional.	Redução de custo e aumento da produtividade.	Vantagens competitivas.
Envolvimento da alta direção.	Esporádico.	Periódico.	Permanente e sistemático.
Áreas envolvidas	Ações ambientais confinandas nas áreas produtivas.	Principais ações ambientais confinadas áreas produtivas, mas com crescente envolvimento de outras áreas.	Atividades ambientais disseminadas pela empresa – ampliação das ações ambientais para toda a cadeia produtiva.

Controle da poluição

As soluções tecnológicas típicas das empresas que procuram controlar a poluição – sem alterar, significativamente, os processos e os produtos que a provocaram – podem ser de dois tipos:

- tecnologia de remediação – procura resolver um problema ambiental que já ocorreu – descontaminação de solo degradado ou lençol freático contaminado, por exemplo;
- tecnologia *end-of-pipe* – captura e trata a poluição resultante de um processo de produção antes que ela seja lançada ao meio ambiente – como estações de tratamento de efluentes líquidos, filtros, precipitadores eletrostáticos para particulados e poeiras, aterros e incineradores para resíduos sólidos.

Desde que exista regulamentação governamental eficaz, essas tecnologias agregam custos adicionais durante toda a vida útil da empresa, em decorrência das operações necessárias ao controle da poluição e das providências para solucionar os problemas gerados pelos poluentes captados.

É comum a mudança de estado físico dos poluentes: a cinza e o lodo resultantes do tratamento da poluição de resíduos e efluentes industriais, por exemplo, que deverão ser dispostos em locais regulamentados e gerenciados permanentemente, aumentando os custos. Dessa forma, do ponto de vista empresarial, essa abordagem significa elevação dos custos nas duas pontas do processo: antes, pela má utilização das matérias-primas e insumos, e adiante, pelo custo de tratamento e disposição final.

Prevenção da poluição

Do ponto de vista ambiental, as soluções voltadas exclusivamente para o controle da poluição são fundamentais, mas insuficientes. Sem esse controle, a humanidade e a maioria dos outros seres vivos já teriam desaparecido, a quantidade e a toxicidade dos poluentes ultrapassariam, em muito, a capacidade de assimilação da Terra.

Sobre a prevenção da poluição (PP), podemos dizer que:

- atua sobre os produtos e processos produtivos, com o objetivo de prevenir a geração de poluentes;
- requer mudanças em processos e produtos, a fim de reduzir ou eliminar a rejeição na fonte, isto é, antes que sejam produzidos;
- aumenta a produtividade da empresa, pois a redução de poluentes significa recursos poupados para serem investidos na produção e nos funcionários.

Redução da poluição

A prevenção da poluição combina duas preocupações ambientais básicas: o uso sustentável dos recursos e o controle da poluição. Os instrumentos típicos para o uso sustentável dos recursos são os conhecidos 4 Rs. São eles:

- **r**edução de poluição na fonte – sempre como primeira opção, independentemente da quantidade e das características – reduzir o volume ou o peso dos resíduos gerados e modificar suas características;
- **r**eúso – usar os resíduos da mesma forma como foram produzidos. São algumas formas de reúso de resíduos: trabalhar novamente peças com defeito, reaproveitar restos de matérias-primas, utilizar o calor dissipado para preaquecimento de outro processo, usar a água servida para esfriar ou lavar algum equipamento antes de tratá-la e usar tambores ou outros recipientes especiais para estocar resíduos e aumentar o tempo de vida útil dos *pallets*;
- **r**eciclagem interna – tratar os resíduos para torná-los novamente aproveitáveis nas próprias fontes produtoras;
- **r**ecuperação energética – como nem todo resíduo pode ser reusado ou reciclado, a alternativa é reaproveitar o poder calorífico para geração de energia, se possível.

Passivo ambiental

Muitos investidores já consideram a questão ambiental em suas decisões estratégicas, pois sabem que os passivos ambientais estão entre os principais fatores de perda de rentabilidade e de valor patrimonial da empresa.

O marketing ambiental é outro fator que impulsiona o tratamento estratégico das questões ambientais.

Além disso, a gestão ambiental pode proporcionar os seguintes benefícios estratégicos:

- melhoria da imagem institucional;
- renovação do portfólio de produtos;
- produtividade aumentada;
- maior comprometimento dos funcionários e melhores relações de trabalho;
- criatividade e abertura para novos desafios;
- melhores relações com autoridades públicas, comunidade e ONGs ambientalistas;

- acesso assegurado aos mercados externos;
- maior facilidade para cumprir os padrões ambientais.

A abordagem ambiental estratégica significa tratar, de forma sistemática, as questões ambientais, a fim de proporcionar valores aos componentes de negócio da empresa que a diferenciem de suas concorrentes e que contribuam para dotá-la de vantagens competitivas sustentáveis.

Segundo Porter, o posicionamento estratégico significa desempenhar atividades diferentes dos rivais ou desempenhar as mesmas atividades de modo diferente.

Produção Mais Limpa

A estratégia ambiental preventiva – aplicada aos processos, produtos e serviços para minimizar impactos ambientais – vem sendo desenvolvida, desde a década de 1980, pelo Pnuma e pela Organização das Nações Unidas para o Desenvolvimento Industrial – United Nations Industrial Development Organization (Unido) – dentro do esforço para instrumentalizar os conceitos e os objetivos do desenvolvimento sustentável.

O Pnuma define Produção Mais Limpa (P+L) como uma abordagem de proteção ambiental ampla, que considera todas as fases do processo de manufatura ou do ciclo de vida do produto.

A metodologia da P+L requer criatividade para:

- investigar, detalhadamente, todas as fases dos processos produtivos;
- gerar oportunidades de melhorias;
- conservar energia e matérias-primas;
- eliminar substâncias tóxicas;
- reduzir os desperdícios e a poluição.

O objetivo da P+L é prevenir ou minimizar, a curto e longo prazos, os riscos para a humanidade e o ambiente. O fluxograma para o estabelecimento das prioridades na identificação de oportunidades de P+L pode ser observado na figura 8.

Figura 8

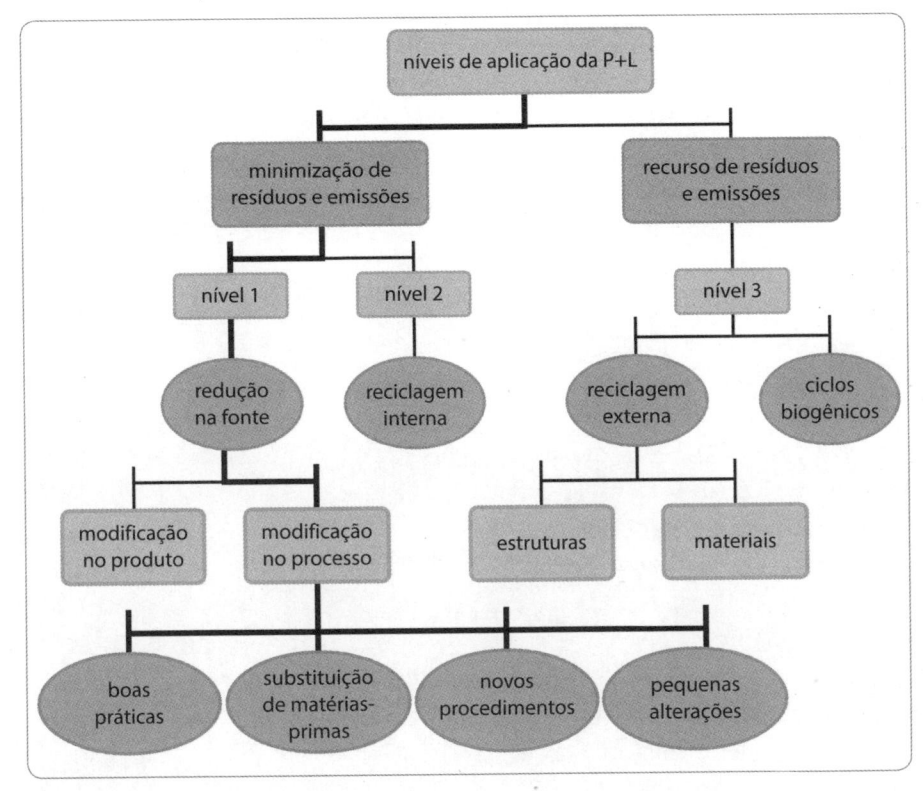

Níveis de aplicação da P+L

- níveis de aplicação da P+L
  - minimização de resíduos e emissões
    - nível 1
      - redução na fonte
        - modificação no produto
        - modificação no processo
          - boas práticas
          - substituição de matérias-primas
          - novos procedimentos
          - pequenas alterações
    - nível 2
      - reciclagem interna
  - recurso de resíduos e emissões
    - nível 3
      - reciclagem externa
        - estruturas
        - materiais
      - ciclos biogênicos

Autoavaliações

Questão 1:

A terra passa, regularmente, por mudanças ambientais. No passado, essas alterações se processavam de forma muito lenta; hoje se processam rapidamente.

Dessa forma, com respeito ao aquecimento global, podemos afirmar que a atividade humana:

a) causa fenômenos naturais normais.
b) está habituada a alterações climáticas.
c) muda o ritmo das alterações climáticas.
d) produz alterações climáticas lentamente.

Questão 2:

A Primeira Conferência Mundial do Clima chamou a atenção dos governos para a prevenção das potenciais mudanças climáticas causadas por ações humanas.

Podemos considerar como uma alteração climática anormal:

a) as baixas temperaturas dos polos.
b) os períodos glaciais e interglaciais.
c) o aumento gradual da temperatura.
d) a variação de temperatura no deserto.

Questão 3:

Em dezembro de 2009, na cidade de Copenhague, foi organizada pela ONU a 15ª Reunião das Partes da Convenção-Quadro das Nações Unidas sobre Mudança do Clima (Climate Change Conference), que ficou conhecida como COP 15.

Sobre a COP 15, podemos afirmar que:

a) obteve resultados práticos suficientes.
b) criou um acordo com veiculação das metas.
c) estabeleceu o chamado Tratado Amazônico.
d) marcou um período de incerteza energética.

Questão 4:

A atual negociação sobre o clima é marcada pela discussão de pontos divergentes entre países ricos e países em desenvolvimento. Essa discussão tem como pano de fundo as metas de redução dos gases do efeito estufa (GEEs).

Sobre essa divergência, é correto afirmar que os países:

a) ricos disponibilizam financiamento para a redução de gases.
b) ricos exigem metas menos audaciosas para a redução dos gases.
c) em desenvolvimento argumentam a necessidade de crescimento.
d) em desenvolvimento independem de disponibilização de fundos.

Questão 5:

A variabilidade de organismos vivos de todas as origens é a definição de um conceito importante para a gestão ambiental.
Podemos, então, dizer que essa definição corresponde ao que chamamos de:

a) ecossistema.
b) biodiversidade.
c) meio ambiente.
d) impacto ambiental.

Questão 6:

O termo *gestão ambiental* envolve diretrizes, e atividades administrativas e operacionais. O intuito dessa gestão é proteger o meio ambiente, eliminando ou reduzindo danos e problemas causados pela ação do homem, bem como evitando que eles surjam.
A abrangência em que as ações de gestão atuam é conhecida como dimensão:

a) espacial.
b) temática.
c) institucional.
d) governamental.

Questão 7:

A gestão ambiental envolve sempre três dimensões. Cada uma delas apresenta certos componentes que lhes são característicos.

Podemos ressaltar, na dimensão institucional, os componentes:

a) global, regional e local.
b) empresa, governo e sociedade.
c) nacional, empresarial e governo.
d) instituições, setorial e ambiental.

Questão 8:

Muitas vezes, os impactos ambientais têm origem industrial. Podemos perceber esse problema por meio da globalização.

Com a globalização das questões comerciais, a degradação ambiental:

a) pode adquirir proporções de escala internacional.
b) representa parte do lucro da empresa responsável.
c) se restringe aos limites do país onde a empresa atua.
d) torna a empresa mais competitiva internacionalmente.

Questão 9:

Com relação aos problemas ambientais, as empresas apresentam três formas de abordagens.

A preocupação básica da abordagem de prevenção da poluição consiste no uso:

a) eficiente de insumos.
b) de normas de segurança.
c) eficaz de políticas públicas.
d) de tecnologia de remediação.

Questão 10:

Uma determinada empresa, em termos ambientais, preocupa-se com a competitividade, implementa ações corretivas, preventivas e antecipatórias, e apresenta um envolvimento permanente e sistemático da alta direção.

Podemos afirmar que sua abordagem ambiental é, primariamente:

a) reativa.
b) periódica.
c) estratégica.
d) esporádica.

Módulo III – Sistemas de gestão ambiental

Módulo III – Sistemas de gestão ambiental

Neste módulo, trataremos dos sistemas de gestão ambiental, que, para serem implementados com sucesso, devem estabelecer princípios e diretrizes de uma política ambiental da empresa.

Começaremos tratando do sistema de gestão ambiental da Câmara de Comércio Internacional (ICC) e do Sistema Comunitário de Ecogestão e Auditoria da Comunidade Econômica Europeia, estruturados para propiciar o desenvolvimento sustentável.

A seguir, detalharemos a família de normas ISO 14000, relativas aos sistemas de gestão ambiental, que foram traduzidas pela Associação Brasileira de Normas Técnicas (ABNT) e integram o conjunto de normas NBR ISO.

Trataremos ainda da avaliação do ciclo de vida (ACV), método desenvolvido para medir o desempenho ambiental de produtos. Embora sejam apresentadas muitas normas ISO, elas são importantes para o entendimento dos sistemas de gestão ambiental.

Práticas sustentáveis

Conceituação

A adoção de práticas sustentáveis vem exigindo, das empresas, a reorganização dos sistemas gerenciais necessária para formalizar os valores, as expectativas, os relatórios sobre o desempenho e os critérios de reconhecimento e recompensa adotados.

Na esteira do movimento da qualidade – Gestão da Qualidade Total –, muitas empresas logo reconheceram que os resíduos sólidos, as emissões atmosféricas e os impactos ambientais eram sintomas de sistemas improdutivos. Dessa forma, fundiram a experiência com a qualidade e montaram os sistemas de gestão ambiental (SGAs) – *environmental management systems* (EMSs).

Como sistema é um conjunto de partes inter-relacionadas, podemos perceber que sistema de gestão ambiental é um conjunto de atividades administrativas e operacionais inter-relacionadas, que abordam os problemas ambientais atuais ou evitam seu surgimento.

Sistema de gestão ambiental

É comum acreditarmos, erroneamente, que ações pontuais ou isoladas – como a instalação de equipamentos de controle de poluição – façam parte de um sistema de gestão ambiental.

Para a criação de um sistema de gestão ambiental – envolvendo todos os segmentos da empresa em ações planejadas, voltadas para obter os melhores resultados com menos recursos –, são necessárias:

- a formulação de diretrizes;
- a definição de objetivos;
- a coordenação de atividades;
- a avaliação de resultados.

A incorporação do componente ambiental nas estratégias empresariais, por meio da adoção de sistemas de gestão ambiental de acordo com normas internacionais, é uma forma de se estabelecerem bases de um sistema de concorrência entre empresas, evitando que as questões ambientais funcionem como barreiras não tarifárias e permitindo que se mantenha a competitividade. Dessa forma, as empresas adotaram o tratamento da questão ambiental como uma nova estratégia de negócio que:

- não vise só atender às demandas da legislação;
- objetive atender à constante pressão dos *stakeholders* e das novas regras do mercado internacional;
- melhore sua imagem;
- aumente as oportunidades de negócios e lucro.

Política ambiental

Para serem implementados com sucesso, os sistemas de gestão ambiental devem estabelecer princípios e diretrizes de uma política ambiental que reflita o desejo de mudança da empresa em termos de sua postura em relação às questões ambientais.

A empresa pode criar seu próprio sistema de gestão ambiental ou adotar modelos genéricos propostos por entidades nacionais e internacionais. O fundamental é que a empresa atue sempre conforme a legislação, mas com foco na inovação e na melhoria permanente.

Modelos internacionais

Câmara de Comércio Internacional

De acordo com o modelo da Câmara de Comércio Internacional (ICC), o sistema de gestão ambiental é uma estrutura ou um método para alcançar o desenvolvimento sustentável em relação aos objetivos estabelecidos e atender às constantes mudanças na regulação, nos riscos ambientais e nas pressões sociais, financeiras, econômicas e competitivas.

Os elementos do sistema de gestão ambiental proposto pela ICC podem ser verificados no quadro 5.

Quadro 5
Modelo da ICC

Planejamento	Organização	Implementação	Controle
Políticas e procedimentos.	Organização da gestão.	Gerenciamento dos comprometimentos.	Gestão do sistema de informações.
Acompanhamento da regulação e de sua influência sobre os departamentos.	Estrutura organizacional.	Avaliação e gestão dos riscos.	Mensuração dos resultados.
Processo de planejamento — objetivos e metas, alocação de recursos.	Delineamento de papéis.	Revisão de projetos e programas ambientais.	Diagnósticos dos problemas.
	Níveis de autoridade e responsabilidade.	Programas ambientais específicos.	Ações corretivas.
		Motivação e delegação.	

A Carta Empresarial para o Desenvolvimento Sustentável da Câmara de Comércio Internacional, dirigida às empresas, foi publicada em 1991, por ocasião da Segunda Conferência Mundial da Indústria sobre a Gestão do Meio Ambiente. A carta teve como objetivo o comprometimento de um amplo leque de empresas com a melhoria ambiental, por meio da adoção de programas de gestão ambiental. O compromisso tem de ser de todos.

Com base nos princípios da Carta Empresarial para o Desenvolvimento Sustentável da Câmara de Comércio Internacional e na experiência desenvolvida durante a elaboração dos sistemas de gestão da qualidade, a British Standards (BSI) lançou a norma BS 7750. Essa norma buscou ordenar os procedimentos de gestão ambiental já existentes e, ao mesmo tempo, permitir a certificação dos sistemas de gestão ambiental.

A primeira norma de sistemas de gestão ambiental foi a BS7750, que se tornou o protótipo para as normas voluntárias em outros países e para as normas da família ISO 14000.

Sistema Comunitário de Ecogestão e Auditoria

O Sistema Comunitário de Ecogestão e Auditoria – conhecido mundialmente como Eco Management and Audit Scheme (Emas) – foi estabelecido pelo Regulamento nº 1.836/93 da Comunidade Econômica Europeia.

O Regulamento nº 1.836/93 definiu as responsabilidades dos estados-membros na criação das estruturas de base, das condições de funcionamento e operacionalidade dessas estruturas, e os requisitos de adesão a esse sistema de gestão ambiental. Enquanto o sistema de gestão ambiental da Câmara de Comércio Internacional não define como abordar os problemas ambientais, o Emas trata, claramente, da prevenção à poluição.

Em 2001, foi publicado o novo regulamento do Emas (Emas II), instituído pelo Regulamento (CE) nº 761/2001 do Parlamento Europeu e do Conselho da União Europeia, que revoga o primeiro. A revisão incidiu particularmente nos seguintes pontos:

- ampliação da aplicação do Emas a todos os setores da atividade econômica – incluindo as autoridades locais;
- adoção do modelo de sistema de gestão ambiental da norma ISO 14001;
- levantamento ambiental mais abrangente e exigente;
- adoção de um logotipo visível e facilmente reconhecível;
- maior envolvimento de todos os colaboradores em sua implementação;
- melhoria do conteúdo da declaração ambiental;
- elaboração de uma declaração ambiental global.

O Sistema Comunitário de Ecogestão e Auditoria é um instrumento voluntário, dirigido às empresas que pretendem avaliar e melhorar sua atuação ambiental, e informar, a seus *stakeholders*, seu desempenho

– não se limitando ao cumprimento da legislação ambiental nacional e comunitária existente.

A política ambiental do Sistema Comunitário de Ecogestão e Auditoria preconiza:

- a garantia da qualidade à natureza e aos impactos ambientais das atividades, dos produtos e serviços de seus membros;
- o compromisso com a melhoria contínua e com a prevenção da poluição;
- o cumprimento das legislações e dos regulamentos;
- a revisão dos objetivos e das metas;
- a documentação pública.

Em relação a esse sistema, Emas, só as organizações registradas podem utilizar seu logotipo na publicidade de produtos, serviços e atividades.

O Sistema Comunitário de Ecogestão e Auditoria também pode ser visto como um ciclo PDCA, já que a preocupação com a melhoria contínua é uma preocupação de ambos os regulamentos.

O ciclo PDCA é constituído por quatro etapas, quais sejam:

- P – de *plan*, planejar;
- D – de *do*, fazer;
- C – de *check*, conferir;
- A – de *act*, de agir.

Processo de melhoria contínua

O processo de melhoria contínua pode ser representado conforme a figura 9.

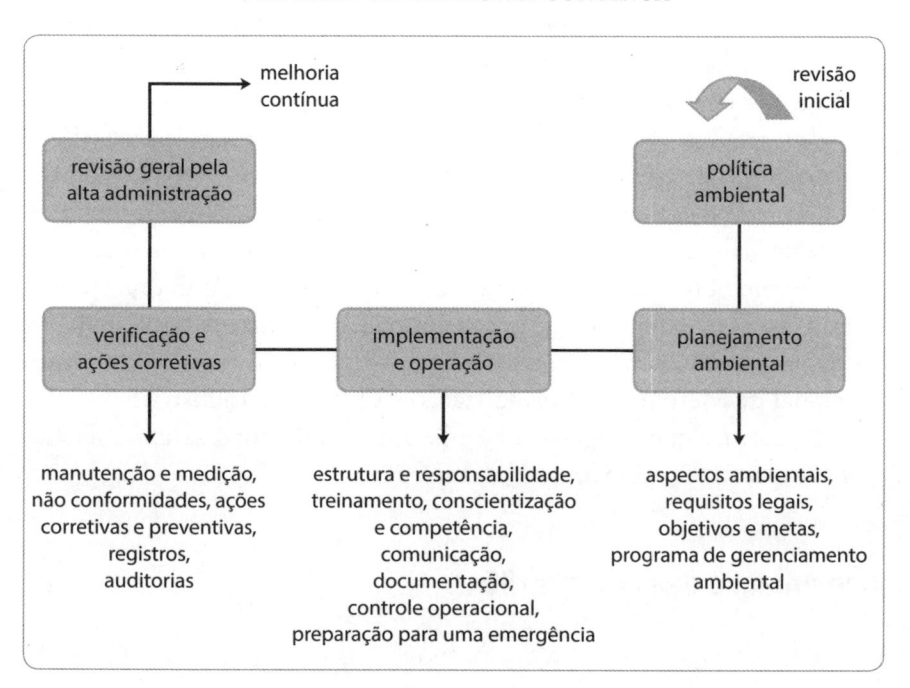

Figura 9
Processo de melhoria contínua

```
                    melhoria                                    revisão
                    contínua                                    inicial

    ┌─────────────────┐                              ┌─────────────────┐
    │ revisão geral   │                              │    política     │
    │ pela alta       │                              │    ambiental    │
    │ administração   │                              └────────┬────────┘
    └────────┬────────┘                                       │
             │                                                │
    ┌────────┴────────┐   ┌─────────────────┐   ┌────────────┴────┐
    │ verificação e   │───│ implementação   │───│ planejamento    │
    │ ações corretivas│   │ e operação      │   │ ambiental       │
    └────────┬────────┘   └────────┬────────┘   └────────┬────────┘
             │                     │                     │
             ▼                     ▼                     ▼
   manutenção e medição,   estrutura e responsabilidade,   aspectos ambientais,
   não conformidades, ações  treinamento, conscientização    requisitos legais,
   corretivas e preventivas,      e competência,             objetivos e metas,
        registros,                comunicação,           programa de gerenciamento
        auditorias               documentação,                  ambiental
                              controle operacional,
                           preparação para uma emergência
```

Normas ISO 14000

ISO

A International Organization for Standardization (ISO) é uma instituição não governamental, fundada, em 1947, em Genebra, com o objetivo de elaborar padrões de aplicação internacional. A ISO é constituída por entidades normalizadoras de mais de 120 países-membros, estruturados em, aproximadamente, 180 comitês técnicos. Cada comitê técnico é especializado em minutar normas.

Dessa forma, a ISO 14001 é uma das séries de normas internacionais criadas para tratar da gestão ambiental.

Estudo das questões ambientais

A participação no desenvolvimento de normas ISO varia de acordo com o país. Após a criação da norma BS 7750, em 1992, diversas outras normas foram elaboradas pelos órgãos de normalização de outros países.

Em 1991, a International Organization for Standardization (ISO) criou o grupo de assessoria denominado Strategic Advisory Group on the Environment (Sage), a fim de estudar as questões decorrentes da proliferação de normas ambientais e seus impactos sobre o comércio internacional.

São membros da ISO 140 entidades normativas de âmbito nacional. Alguns países são representados por entidades governamentais ou vinculadas ao governo, como o Instituto Americano de Normas e o Instituto Nacional de Metrologia, Normalização e Qualidade Industrial.

As normas que integram a família ISO 14000 começaram a ser elaboradas em 1993 pelo Comitê Técnico 207.

Constituição das normas ISO

A família de normas ISO 14000 para organizações é constituída da seguinte maneira:

- organizações – normas que tratam do sistema de gestão ambiental, da auditoria ambiental e da avaliação de desempenho ambiental;
- produtos e processos – normas que tratam da rotulagem ambiental, avaliação do ciclo de vida, de aspectos ambientais em normas de produtos;
- termos e definições – normas que tratam do vocabulário utilizado em gestão ambiental.

As normas ISO relativas às organizações se organizam como no quadro 6.

Quadro 6
NORMAS ISO RELATIVAS ÀS ORGANIZAÇÕES

Normas para	Área temática	Número e ano da publicação	Título da norma
Organizações	Sistema de gestão ambiental	ISO 14001:1996	Sistema de gestão ambiental – especificação e diretrizes para uso
		ISO 14004:1996	Sistema de gestão ambiental – diretrizes gerais sobre princípios, sistemas e técnicas de apoio
		ISO 14061:1998	Informações para auxiliar as organizações florestais no uso das normas ISO 14001 e 14004
	Auditoria ambiental	ISO 14010:1996	Diretrizes para auditoria ambiental – princípios gerais
		ISO 14011:1996	Diretrizes para auditoria ambiental – procedimentos de auditoria (auditoria de sistemas)
		ISO 14012:1996	Diretrizes para auditoria ambiental – critérios de qualificação para auditores ambientais
		ISO 14015:2001	Gestão ambiental – avaliação ambiental de locais e organizações

continua

Normas para	Área temática	Número e ano da publicação	Título da norma
Organizações	Auditoria ambiental	ISO 19001:2002	Diretrizes para auditorias de sistemas de gestão da qualidade ou ambiental – substitui as normas ISO 14010, 14011 e 14012
	Avaliação do desempenho	ISO 14031:1999	Gestão ambiental – avaliação do desempenho ambiental
	Ambiental	ISO 14032:1999	Gestão ambiental – exemplos de avaliação de desempenho ambiental

Vejamos, no quadro 7, quais são as normas ISO referentes a produtos e processos.

Quadro 7
Normas ISO referentes a produtos e processos

Normas para	Área temática	Número e ano da publicação	Título da norma
Produtos e processos	Rotulagem ambiental	ISO 14020:2000	Rótulos e declarações ambientais – princípios gerais
		ISO 14021:1999	Rótulos e declarações ambientais – reinvidicações de autodeclarações ambientais (rotulagem ambiental tipo II)

continua

Normas para	Área temática	Número e ano da publicação	Título da norma
Produtos e processos	Rotulagem Ambiental	ISO 14024:1999	Rótulos e declarações ambientais – princípios e procedimentos (rotulagem ambiental tipo I)
		ISO 14025:2000	Rótulos e declarações ambientais – declarações ambientais tipo III
	Avaliação do ciclo de vida	ISO 14040:1997	Gestão ambiental – avaliação do ciclo de vida – princípios e estruturas
		ISO 14041:1998	Gestão ambiental – avaliação do ciclo de vida (objetivos e escopo, definições e análise de inventários)
		ISO 14042:2000	Gestão ambiental – avaliação do ciclo de vida (avaliação de impacto do ciclo de vida)
		ISO 14043:2000	Gestão ambiental – avaliação do ciclo de vida (interpretação)
	Aspectos ambientais em normas de produtos	ISO Guia 64:1997	Guia para inclusão de aspectos ambientais em normas de produtos
		ISO 14062:2002	Integração dos aspectos ambientais no desenvolvimento de produtos – diretrizes

A terceira classe de normas ISO 14000 refere-se aos termos e às definições utilizados na gestão ambiental. É a norma 14050:2002 que cuida desse vocabulário.

Normas NBR ISO

As normas relativas aos sistemas de gestão ambiental, produzidas pela ISO, foram traduzidas pela Associação Brasileira de Normas Técnicas (ABNT) e integram o conjunto de normas NBR ISO.

O conjunto de normas NBR ISO 14000 compartilha princípios comuns de sistemas de gestão com a série de normas NBR ISO 9000 para sistemas da qualidade, definição de uma política, de procedimentos, objetivos e metas, entre outros.

Até o momento, a única norma da série passível de certificação é a NBR ISO 14001. A norma NBR ISO 14001 foi redigida de forma a aplicar-se a todos os tipos e tamanhos de empresas e para adequar-se a diferentes condições geográficas, culturais e sociais.

O objetivo da norma NBR ISO 14001 é equilibrar a proteção ambiental e a prevenção da poluição com as necessidades socioeconômicas da organização, em seu sentido mais abrangente. Para isso, são especificados os requisitos acerca de um sistema de gestão ambiental que permitem a uma organização formular a política e os objetivos ambientais. Esses objetivos devem levar em conta os requisitos legais e as informações referentes aos impactos ambientais significativos.

Aplicação da NBR ISO

A NBR ISO 14001 deve ser aplicada a empresas que desejam:

- implementar e manter um sistema de gestão ambiental;
- assegurar a conformidade com sua política ambiental;
- demonstrar sua política ambiental a terceiros, buscando sua certificação;
- fazer uma autodeterminação e declaração de sua conformidade com a norma.

Os passos básicos para sua implantação e posterior certificação são:

A) Requisitos gerais:

- generalidades;
- comprometimento e liderança da alta administração;
- avaliação ambiental inicial.

B) Implementação e operação:

- estrutura e responsabilidade;
- treinamento, conscientização e competências;
- comunicação;
- documentação do SGA;
- controle de documentos;
- controle operacional;
- preparação e atendimento a emergências.

C) Política ambiental.

D) Verificação e ação corretiva:

- monitoramento e medição;
- não conformidade, e ações corretivas e preventivas;
- registros;
- auditorias do SGA.

E) Planejamento:

- aspectos ambientais;
- requisitos legais e critérios internos de desempenho;
- objetivos e metas;
- programa de gestão ambiental.

F) Análise crítica pela administração.

Certificação

Para efeito de certificação da NBR ISO 14001, a empresa deve possuir um sistema de gestão ambiental de acordo com os requisitos presentes na figura 10:

Figura 10
SISTEMA DE GESTÃO AMBIENTAL

```
sistema de gestão ambiental

compromisso ambiental              política
                                      ↓
                                   objetivos
                                   e programas
avaliação ambiental                   ↓
                                   manual
                                   de gestão              revisão   auditoria
                                      ↓
Cumpre a legislação    sim →       procedimentos
ambiental?                         e instruções
                                      ↓
         não                       avaliação do sistema
                                   de gestão ambiental
                                      
                                   auditoria
medidas corretivas                 externa
                                      
                                   certificado
                                   ISO 14001
```

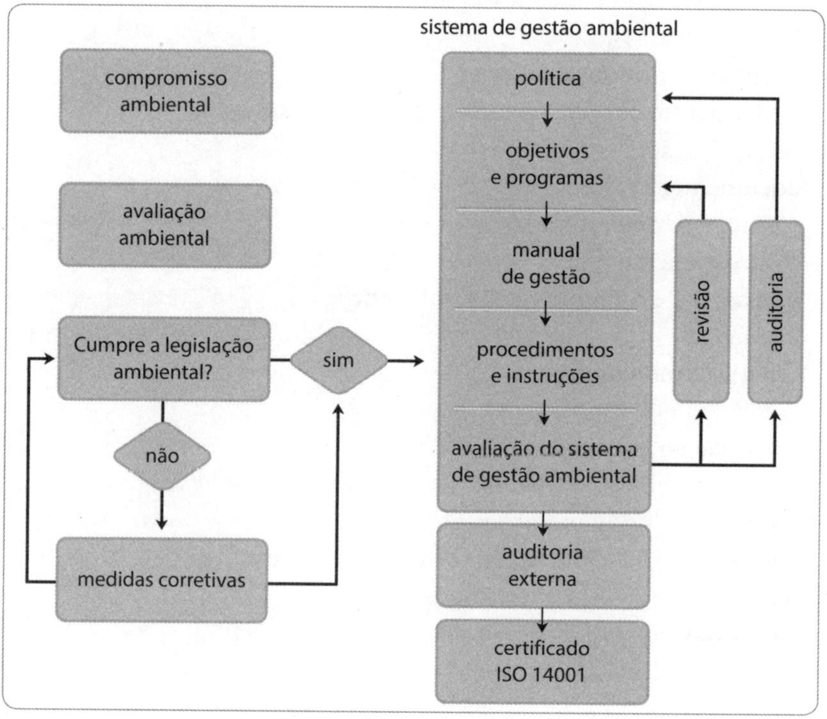

Os requisitos gerais consideram:

- a identificação das atividades que impactam o meio ambiente;
- a priorização das atividades que exercem maior impacto ambiental;
- a integração de todas as atividades do sistema de gestão ambiental às de outros sistemas – inclusive o da qualidade – articulando-as ao plano de negócios da empresa.

A empresa tem liberdade e flexibilidade para implantar o sistema de gestão ambiental, uma vez que seu detalhamento, sua complexidade, amplitude de documentação e quantidade de recursos alocados dependem do porte e da natureza da empresa. Os níveis gerenciais devem estar estimulados para disseminar o comprometimento de todos para com o sucesso do sistema de gestão ambiental. O comprometimento e a liderança da alta administração devem ser explícitos.

Avaliação ambiental inicial

A *avaliação ambiental inicial* não é um requisito mandatório – embora recomendável –, pois, permite que a empresa obtenha uma radiografia do sistema existente por meio de respostas para algumas questões:

- As leis e os regulamentos ambientais afetam o negócio da empresa?
- Até que ponto o negócio afeta o meio ambiente?
- Os processos da empresa são do conhecimento de todos?
- A empresa está focada para a satisfação do cliente?

A avaliação ambiental é uma ferramenta estratégica – uma vez que pode influenciar todo o desenvolvimento do planejamento empresarial –, pois avalia:

- a legislação e os regulamentos aplicáveis;
- os impactos ambientais significativos;
- o estado da arte da gestão ambiental atual;
- os registros de acidentes, incidentes e infrações ambientais.

A avaliação ambiental permite que a empresa identifique seus pontos fortes e fracos, as ameaças e as tendências, as oportunidades de melhoria e de mercado. A avaliação ambiental pode ser aplicada em toda a empresa ou apenas em parte dela, com o auxílio de questionários, entrevistas, *checklist*, inspeção direta e medição, análise e revisão de registros, e comparação com as melhores empresas similares – *benchmarking*.

Benchmarking é um processo de medição sistemática e de comparação contínua das estratégias, dos produtos, dos processos e dos resultados de uma empresa com as melhores empresas do mundo, para obter informações que indicarão quais ações a empresa deverá implementar para melhorar seu desempenho, tornando-se mais competitiva.

Política ambiental

A política ambiental da empresa é uma declaração pública da alta direção de suas intenções e seus princípios em relação a seu desempenho ambiental. Essa política estabelece um senso geral de orientação, fixa princípios de ação, determina o objetivo fundamental em relação ao nível de responsabilidade e o desempenho pretendido pela empresa.

A ISO 14001 recomenda que uma política ambiental considere a missão, a visão, os valores essenciais e os princípios orientadores da empresa. Também deve ser lembrada, se for o caso, a coordenação com outras políticas da empresa, tais como qualidade, saúde ocupacional e segurança do trabalho. Não deve ser muito longa para facilitar sua divulgação e compreensão por todos os funcionários da empresa e os *stakeholders*.

A política ambiental deve:

- ser apropriada ao meio ambiente, à escala e aos impactos de suas atividades, seus produtos e serviços;
- incluir o comprometimento com a melhoria contínua, com a prevenção da poluição, com o atendimento da legislação, das normas ambientais aplicáveis e com os demais requisitos subscritos pela empresa;
- ser documentada, implementada, mantida e comunicada a todos os empregados e demais *stakeholders*;
- estar disponível para o público em geral.

A Ripasa S/A – Celulose e Papel, Unidade Embu, empresa de médio porte fabricante de papel cartão, na busca constante de sua evolução, assegura que está comprometida em:

- promover o desenvolvimento sustentável, protegendo o meio ambiente por meio da prevenção da poluição, administrando os impactos

ambientais de forma a torná-los compatíveis com a preservação das condições necessárias à vida;
- atender à legislação ambiental vigente aplicável e aos demais requisitos subscritos pela organização;
- promover a melhoria contínua em meio ambiente por meio de sistema de gestão estruturado que controla e avalia as atividades, produtos e serviços, bem como estabelece e revisa seus objetivos e metas ambientais;
- garantir transparência nas atividades e ações da empresa, disponibilizando às partes interessadas informações sobre seu desempenho em meio ambiente;
- praticar a reciclagem de materiais celulósicos e o reúso das águas do processo produtivo, contribuindo com a redução dos impactos ambientais por meio do uso racional dos recursos naturais – minimizando áreas necessárias para reflorestamento e reduzindo captação dos recursos hídricos.

É responsabilidade da alta direção promover o senso de responsabilidade e disciplina no emprego dessa política por todos da organização.

Aspecto ambiental

O aspecto ambiental é definido como elemento das atividades, dos produtos ou dos serviços que podem interagir com o meio ambiente. Esses elementos podem resultar em impactos benéficos ou adversos.

O *aspecto ambiental* é a causa, e o *impacto ambiental* é o efeito. A avaliação de cada impacto ambiental deve considerar:

- problemas ambientais – escala, severidade e duração do impacto, e probabilidade de ocorrência.
- problemas comerciais – potencial de exposição legal e regulamentar, dificuldade de alteração do impacto, custo para alteração, efeito de uma alteração sobre outras atividades, preocupações dos *stakeholders* e efeitos na imagem pública da empresa.

A norma NBR ISO 14004:1996 também alerta para os aspectos ambientais decorrentes de atividades terceirizadas realizadas dentro ou fora da empresa que gerem impactos significativos, bem como de fornecedores estáveis ou parceiros.

Requisitos legais e objetivos

A empresa deve manter procedimentos para identificar os requisitos legais e os critérios internos de desempenho aplicáveis aos aspectos ambientais de suas atividades, de seus produtos e serviços. Esses critérios se referem a aspectos como gestão dos produtos, prevenção e controle da poluição, gerenciamento de materiais perigosos, redução de riscos, conscientização e treinamento ambientais, fornecedores, transportadores, gerenciamento de resíduos, comunicações ambientais e outras atividades da ação ambiental.

A identificação dos requisitos legais e dos critérios internos de desempenho envolve o levantamento e a análise da legislação aplicável nas esferas da União, dos estados e municípios, nos quais a empresa está instalada. Daí a necessidade de o sistema de gestão ambiental manter um banco de dados atualizado com as normas legais aplicáveis a todos os locais onde atua – seja no país, seja no exterior.

A Constituição Brasileira de 1988 ampliou a competência de estados e municípios para legislarem em matéria ambiental, o que torna essa fase mais complexa, pois as questões ambientais são reguladas em praticamente todos os ramos do direito – constitucional, civil, penal, tributário, trabalhista, administrativo.

Os objetivos e as metas ambientais – devidamente documentados – devem ser compatíveis com a política ambiental. O *objetivo* é o propósito quantificado a ser atingido. A *meta* é um requisito de desempenho exequível.

Programa de gestão ambiental

A empresa deve estabelecer e manter um *programa de gestão ambiental* para atingir seus objetivos e suas metas. Esse programa deve incluir a atribuição de responsabilidades em cada função e nível pertinente da organização, visando atingir os objetivos e as metas, bem como o meio ambiente e o prazo dentro do qual eles devem ser atingidos.

Caso um dos objetivos da empresa seja aumentar sua produtividade, o sistema de gestão ambiental pode contribuir com um programa para reduzir o desperdício com as matérias-primas e insumos, melhorar o processo de produção do produto A, desenvolver aplicações para os resíduos inevitáveis, revisar o projeto do produto B para substituir matérias-primas geradoras de resíduos perigosos, etc.

Estrutura e responsabilidade

A norma estabelece que estrutura e responsabilidade – determinadas pelas funções, responsabilidades e autoridades da empresa – sejam bem definidas, documentadas e comunicadas.

A alta administração tem de nomear representantes específicos para assegurar que os requisitos sejam cumpridos e relatar o desempenho do sistema de gestão ambiental para a análise crítica da alta direção, com a finalidade de aprimorá-la. Para tal, a administração deve fornecer recursos essenciais para a implementação e o controle do sistema de gestão ambiental, abrangendo recursos humanos, qualificações específicas, tecnologia e recursos financeiros.

Treinamento

A empresa deve identificar as necessidades de treinamento para que seus funcionários – em cada nível ou função – estejam conscientes:

- da importância da conformidade com a política ambiental e com os procedimentos e requisitos do sistema de gestão ambiental;
- dos impactos ambientais significativos – reais ou potenciais – de suas atividades;
- dos benefícios ao meio ambiente resultantes da melhoria de seu desempenho pessoal.

Os programas de treinamento devem ampliar o entendimento sobre o meio ambiente para incluir sua dimensão social e promover mudanças de atitude diante das questões socioambientais mais amplas, que estão além daquelas relacionadas com a atuação da empresa.

Os programas de treinamento devem ainda conscientizar as pessoas de suas funções e responsabilidades em atingir a conformidade com a política ambiental, os procedimentos e os requisitos do sistema de gestão ambiental – inclusive os requisitos da preparação e do atendimento a emergências – das potenciais consequências da inobservância do cumprimento de procedimentos operacionais observados.

Comunicação

Em relação à comunicação, a empresa deve estabelecer e manter procedimentos para a comunicação interna entre vários níveis e funções da empresa, bem como para a comunicação externa, visando ao recebimento, à documentação e à resposta a comunicações. A empresa deve também considerar os processos de comunicação externa sobre seus aspectos ambientais significativos e registrar sua decisão.

O fornecimento de informações visa motivar os funcionários, bem como encorajar a compreensão e a aceitação do público para os esforços da empresa em aprimorar seu desempenho ambiental.

Documentação

Em relação à documentação, a empresa deve estabelecer e manter informações, em papel ou em meio eletrônico, para descrever os principais elementos do sistema de gestão ambiental e a interação entre eles.

A documentação do sistema de gestão ambiental deve obedecer à seguinte hierarquia de documentos:

- política ambiental – documento principal;
- manual de gestão ambiental;
- procedimentos ambientais;
- registros ambientais e formulários.

A norma não cita todos os elementos do sistema de gestão ambiental, mas sim os principais. Esse detalhe desfaz uma crítica comum a respeito do excesso de formalismo e burocratização da documentação, que reduz a mobilidade e a capacidade de resposta às mudanças, requisitos fundamentais para o ambiente de negócios.

Controle de documentos

A empresa deve estabelecer e manter procedimentos para o controle dos documentos exigidos pela norma. O controle de documentos deve assegurar que:

- possam ser facilmente localizados;
- sejam periodicamente revisados por pessoal autorizado;
- estejam disponíveis, em versões atualizadas, em todos os locais onde são executadas operações essenciais ao efetivo funcionamento do sistema de gestão ambiental;
- sejam prontamente substituídos, quando obsoletos, nos pontos de emissão e de uso;
- sejam adequadamente identificados, quando obsoletos, e retidos por motivos legais ou para preservação de conhecimento.

Controle operacional

A empresa deve fazer o controle operacional, de modo a identificar as operações e as atividades associadas aos aspectos ambientais significativos, identificados de acordo com sua política, seus objetivos e suas metas.

A empresa também deve planejar as atividades para controle de documentos – inclusive a manutenção – de forma que assegure sua execução sob condições específicas, por meio:

- do estabelecimento e da manutenção de procedimentos documentados;
- da estipulação de critérios operacionais;
- da definição e da manutenção de procedimentos relativos aos aspectos ambientais significativos.

A NBR ISO 14004 recomenda que o controle operacional se estenda para todas as atividades que gerem impactos significativos, tais como pesquisa e desenvolvimento, projeto e engenharia, compras, processos de produção e de manutenção, armazenamento e manuseio de materiais, laboratórios, transporte, marketing, atendimento aos clientes, aquisição, construção ou modificação de propriedades e instalações. Para facilitar o controle operacional, essa norma sugere dividir as atividades nas categorias a seguir:

- atividades destinadas a prevenir a poluição e conservar recursos em novos projetos prioritários, modificações de processos e gestão de recursos, propriedade – aquisição, alienação de ativos e gestão patrimonial – e novos produtos e embalagens;
- atividades de gestão diária para assegurar conformidade com os requisitos internos e externos da empresa e garantir sua eficiência e eficácia;
- atividades de gestão estratégica destinadas a antecipar o atendimento a novos requisitos ambientais.

Atendimento a emergências

A empresa deve estabelecer e manter procedimentos para a preparação e o atendimento a emergências, bem como prevenir e mitigar os impactos que possam estar associados a elas. Acidentes e emergências sempre podem acontecer, mesmo quando a empresa se cerca de todos os cuidados.

Para isso, a empresa deve estabelecer planos e procedimentos de emergência que incluam:

- organização e responsabilidade diante da emergência;
- lista de pessoas-chave;
- detalhes sobre serviços de emergência – corpo de bombeiros, serviços de limpeza de derramamentos.

A legislação brasileira estabelece que o poluidor seja obrigado, independentemente de existência de culpa, a indenizar ou reparar os danos causados ao meio ambiente e a terceiros afetados por suas atividades.

Os planos e procedimentos de emergência devem incluir:

- planos de comunicação interna e externa;
- ações a serem adotadas para os diferentes tipos de emergências;

- informações sobre materiais perigosos – incluindo o impacto potencial de cada um sobre o meio ambiente;
- medidas a serem tomadas na eventualidade de lançamentos acidentais;
- planos de treinamento e simulações para verificar a eficácia das medidas.

Tomando os cuidados necessários, oportunamente, evitamos surpresas desagradáveis.

Monitoramento e medição

O monitoramento e a medição comprovam a execução do que foi planejado e asseguram que o sistema de gestão ambiental está funcionando. Caso contrário, a empresa deve apontar as medidas corretivas que deverão ser tomadas. Para tal, é preciso que os equipamentos de monitoramento sejam permanentemente revisados e calibrados, e os registros, gravados. No caso da calibração, a empresa deve seguir o sistema metrológico oficial brasileiro.

A norma NBR ISO 14004 enfatiza o aspecto contínuo das atividades de medição, monitoramento e identificação dos indicadores de desempenho ambiental, assim como a identificação dos aspectos ambientais.

A empresa deve definir responsabilidade e autoridade para tratar e investigar as não conformidades, adotando medidas para mitigar os impactos e estabelecer ações corretivas e preventivas. A não conformidade pode ser qualquer falha ou desvio que comprometa o bom desempenho ambiental da empresa.

Registros

Os registros objetivam fornecer informações de que o sistema de gestão ambiental está operando. Por isso, devem ser legíveis e identificáveis, permitindo rastrear a atividade, o produto ou o serviço envolvido.

Os registros devem ser arquivados e mantidos de forma que permitam sua pronta recuperação, sendo protegidos de avarias, deterioração ou perda.

Entre os tipos de registros de acordo com as normas ISO 14000, encontram-se:

- informações sobre a legislação ambiental aplicável ou outros requisitos;
- registros de reclamações;
- registros de treinamento;
- informações sobre processos;
- informações sobre produtos;
- registros de inspeção, manutenção e calibração;
- informações pertinentes sobre prestadores de serviços e fornecedores;
- relatórios de incidentes;
- informações relativas à preparação e ao atendimento de emergências;
- registros de impactos ambientais significativos;
- resultados de auditorias;
- análises críticas pela administração.

É recomendável que as informações confidenciais da empresa sejam tratadas de forma apropriada.

Auditoria ambiental

A empresa deve realizar um programa de *auditoria ambiental* para determinar se o sistema de gestão ambiental:

- está em conformidade com as disposições planejadas;
- está em conformidade com os requisitos da norma NBR ISO 14001;
- foi devidamente implementado;
- tem sido mantido.

Nos processos de auditoria, são avaliadas as não conformidades – não atendimento a um requisito específico da norma. Sempre que for detectada uma não conformidade, é necessária a implementação de uma ação corretiva, que tem por objetivo evitar sua repetição.

A auditoria ambiental pode ser:

- auditoria interna ou de primeira parte – realizada pela própria organização para autoavaliação do sistema de gestão ambiental;
- auditoria externa ou de segunda parte – realizada por um cliente;
- auditoria de terceira parte – realizada por terceiros, por força legal ou para a obtenção de certificação.

Análise crítica pela administração

A análise crítica pela administração tem como finalidade verificar a eficácia do sistema de gestão ambiental, em um determinado período, visando ao futuro. Além disso, a análise crítica pela administração confirma se a política ambiental e o sistema de gestão ambiental estão adequados à empresa ou se é necessário proceder a mudanças para ajustá-los às novas condições ou informações.

A responsabilidade pela condução dessa análise é da alta administração, e não dos administradores de outros níveis hierárquicos mediante delegação. Essa análise deve incluir:

- os resultados das auditorias;
- o nível de atendimento aos objetivos e às metas;
- a contínua adequação do sistema de gestão ambiental em relação a mudanças de condições e de informações;
- as preocupações das partes interessadas pertinentes – *stakeholders*.

Certificação ISO 14000

Para que uma empresa obtenha o certificado ISO 14000, é necessário que ela seja submetida a um processo de auditoria de uma certificadora – empresas que realizam as auditorias de terceira parte. Essas empresas certificadoras devem ter sido reconhecidas e credenciadas pela ISO por meio das *acreditadoras*, que têm por função acreditar as certificadoras. No Brasil, o Inmetro é cadastrado pela ISO para desempenhar esse papel.

A certificação só pode ser solicitada após o cumprimento dos seguintes passos:

- contratação de certificadora;
- pré-auditoria – sem validade de certificação;
- auditoria de certificação;
- emissão de certificado – validade de três anos;
- auditorias de monitoramento – semestrais ou anuais.

Os resultados da certificação da empresa podem ser:

- aptos;
- não aptos;
- aptos com ações corretivas.

Os resultados possíveis de uma auditoria de certificação podem ser os seguintes:

- recomendação para a certificação quando não existirem não conformidades;
- recomendação para a certificação após verificação e ações corretivas quando existirem uma ou mais não conformidades que devem ser verificadas e corrigidas – nesse caso, não será realizada nova auditoria completa;
- recomendação para nova avaliação do SGA quando forem observadas várias não conformidades que indicam falhas no SGA implementado – nesse caso, será necessária nova auditoria completa.

Avaliação do ciclo de vida

A avaliação do ciclo de vida (ACV) ou *life cycle assessment* – é um método desenvolvido para medir o desempenho ambiental de produtos. São práticas adotadas por um número cada vez maior de empresas interessadas em assegurar uma boa imagem (associada à gestão ambiental responsável) com os consumidores, cuidar dos impactos ambientais dos produtos industrializados (desde a extração das matérias-primas até a prateleira dos supermercados) e cuidar da disposição final das embalagens e dos resíduos em aterros adequados ou reconduzir os materiais recuperáveis até a reciclagem.

A avaliação do ciclo de vida é também um instrumento de gestão ambiental aplicável a bens e serviços – nesse caso, abordados como produtos. As entradas e saídas dos processos produtivos e os impactos ambientais associados à avaliação do ciclo de vida podem ser representados como na figura 11.

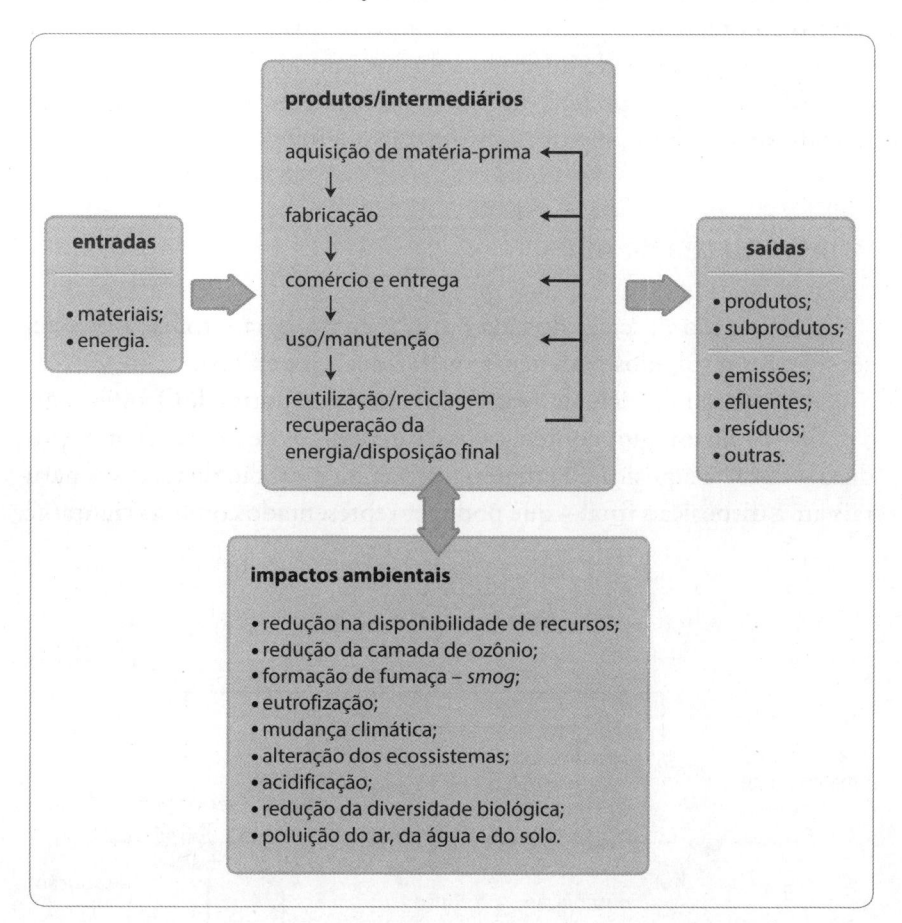

Figura 11
Avaliação do ciclo de vida

entradas
- materiais;
- energia.

produtos/intermediários
- aquisição de matéria-prima
- fabricação
- comércio e entrega
- uso/manutenção
- reutilização/reciclagem recuperação da energia/disposição final

saídas
- produtos;
- subprodutos;
- emissões;
- efluentes;
- resíduos;
- outras.

impactos ambientais
- redução na disponibilidade de recursos;
- redução da camada de ozônio;
- formação de fumaça – *smog*;
- eutrofização;
- mudança climática;
- alteração dos ecossistemas;
- acidificação;
- redução da diversidade biológica;
- poluição do ar, da água e do solo.

Perfil ambiental e socioeconômico

A avaliação do ciclo de vida é ampla e versátil. Ela abrange desde produtos até indústrias, setores de produção e políticas de desenvolvimento nas esferas governamentais. Os resultados da avaliação do ciclo de vida proporcionam o perfil ambiental ou socioeconômico – segundo fatores de referência que são estabelecidos previamente – para que seja tomada uma decisão acertada.

O perfil ambiental pode informar sobre aquecimento global, biodiversidade, chuva ácida e outras categorias de impacto do produto ou serviço considerado.

O perfil social pode informar sobre os impactos na saúde, enquanto o perfil econômico poderia produzir informações sobre investimentos iniciais, manutenção, reparo, substituição e outras.

Representação da ACV

A avaliação do ciclo de vida é um método para a tomada de decisões, e seus resultados podem ser verificados e repetidos.

A avaliação do ciclo de vida está incluída na norma ISO 14040, que a define como estágios consecutivos e interligados de um sistema de produto – desde a aquisição da matéria-prima ou extração de recursos naturais até a disposição final – que pode ser representado como na figura 12.

Figura 12
Representação da ACV

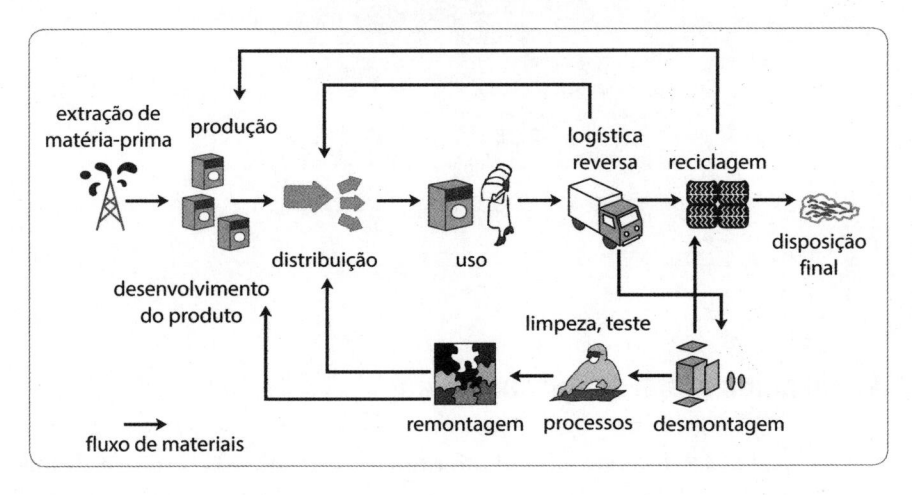

Vantagens da ACV

A avaliação do ciclo de vida traz as seguintes vantagens para a indústria:

- encoraja a considerar as questões ambientais associadas aos sistemas de produção – matérias-primas, insumos, manufatura, distribuição, uso, disposição, reúso, reciclagem;
- ajuda a melhorar o entendimento dos aspectos ambientais ligados aos processos produtivos, de forma mais ampla, auxiliando na identificação de prioridades e afastando-se do enfoque clássico do tratamento de fim de tubo (*end-of-pipe*) para a proteção ambiental;
- serve de subsídio para as estratégias de marketing – declarações ambientais e rotulagens –, evitando declarações simplistas;
- identifica oportunidades de melhorias nas várias etapas do processo produtivo;
- auxilia a tomada de decisão, para definição de prioridades ou durante o desenvolvimento de projetos e produtos, podendo levar à conclusão, por exemplo, de que a questão ambiental mais importante pode estar relacionada ao uso do produto – e não a suas matérias-primas ou a seu processo produtivo;
- auxilia a seleção de componentes feitos de diferentes materiais;
- auxilia a elaboração de indicadores associados aos produtos.

ACV e normas NBR ISO

A série ISO para avaliação do ciclo de vida é:

A) NBR ISO 14040:2001:

Especifica a estrutura geral, os princípios e os requisitos para conduzir e relatar estudos de avaliação do ciclo de vida.

B) NBR ISO 14041:2004:

Trata de duas das fases da ACV – a definição do objetivo e do escopo, e a análise do inventário do ciclo de vida (ICV). A fase de definição do objetivo e do escopo é importante, pois determina por que uma ACV está sendo conduzida e qual a utilização pretendida, e descreve o sistema e as categorias de dados a serem estudados. O objetivo e a utilização pretendida do estudo influenciarão sua direção e profundidade, abordando assuntos como a extensão geográfica e o horizonte de tempo do estudo e a qualidade dos dados que serão necessários.

C) NBR ISO 14042:2004:

Descreve e fornece orientação sobre a estrutura geral para a avaliação do impacto do ciclo de vida, AICV (etapa da ACV), as características-chave e limitações inerentes da AICV. A norma NBR ISO 14042:2004 especifica os requisitos para conduzir a etapa de AICV e sua relação com as outras etapas da ACV.

D) NBR ISO 14043:2000:

Descreve e define um procedimento sistemático para identificar, qualificar, conferir e avaliar as informações dos resultados do inventário do ciclo de vida (ICV) ou da avaliação do inventário do ciclo de vida (AICV), facilitando a interpretação do ciclo de vida necessária para as conclusões e recomendações do relatório final.

O relatório final deve ser elaborado de forma a possibilitar a utilização dos resultados e sua interpretação de acordo com os objetivos estabelecidos para o estudo. Tal relatório deve seguir as prescrições das normas NBR ISO 14040 e NBR ISO 14041.

Limitações

Apesar de toda a orientação normativa, os estudos de avaliação do ciclo de vida continuam a ser descrições imperfeitas do sistema de produção. Existe um potencial de incerteza relativa à qualidade dos dados e – mesmo involuntariamente –, uma certa subjetividade pode estar presente desde o início dos estudos.

Para reduzir os riscos de manipulações, abusos na condução ou mesmo erros involuntários – devido à complexidade dos estudos –, a norma

NBR ISO 14040 salienta que uma revisão crítica pode ser realizada por um especialista, independentemente do estudo de avaliação do ciclo de vida. Contudo, afirmações comparativas ou públicas devem passar, obrigatoriamente, por uma revisão crítica externa, independente.

Rótulos ambientais

Origem

Vejamos um breve histórico dos rótulos ambientais:

A) Década de 1940:

Surgiram os primeiros rótulos obrigatórios que obedeciam a legislações sobre saúde e meio ambiente – principalmente, na área de agrotóxicos e raticidas – contendo especificações sobre uso e armazenagem.

B) Década de 1970:

Surgiram os rótulos voluntários para produtos orgânicos, devido à pressão do movimento ambientalista.

C) Décadas de 1970 e 1980:

Aumento nas discussões sobre temas transfronteiriços. Para divulgar as boas práticas ambientais e conquistar novos mercados, os produtores passaram a utilizar os selos ambientais em larga escala.

Os fabricantes de *produtos verdes* passaram a usar programas de marketing na divulgação de suas práticas ambientalistas e na conquista de *consumidores verdes*, agora em número muito maior.

Blue Angel

O Blue Angel é um selo governamental, de iniciativa do governo alemão e de propriedade do Ministério de Meio Ambiente, Conservação da Natureza e Segurança Nuclear, que foi criado em 1978 e é considerado o programa mais antigo desse tipo. O selo abrange, atualmente, cerca de 3.600 produtos.

Em especial, Blue Angel certifica as seguintes categorias: tintas de baixa toxicidade, produtos feitos com material reciclado, pilhas e baterias, produtos sem clorofluorcarbonetos (CFC) e produtos químicos de utilização doméstica.

Green Seal

O Green Seal – criado nos Estados Unidos, em 1989 – é um selo de iniciativa privada e organização independente, sem fins lucrativos, cujo objetivo é criar parâmetros ambientais para produtos, rotulagem de produtos e educação ambiental nos Estados Unidos.

Alguns dos produtos certificados pelo Green Seal são: lâmpadas fluorescentes compactas, detergentes domésticos, papel de jornal, óleo recondicionado, equipamentos de irrigação, sistema de rotulagem plástica.

Ecolabel

O Ecolabel foi criado, em 1992, por decisão do Parlamento Europeu e implementado pelo Conselho da União Europeia, com o objetivo de adotar um rótulo único na União Europeia. O selo leva em consideração o ciclo de vida do produto e é o primeiro selo regional e transacional.

O Ecolabel é um selo voluntário, mas exigido pela União Europeia aos produtos importados.

As categorias avaliadas nesse caso são: máquinas de lavar louça, adubos para solo, papel higiênico, papel de cozinha, detergente, etc. A certificação tem validade por um período máximo de três anos. Após esse período, é necessário que a empresa passe por nova avaliação.

ABNT

Criado pela Associação Brasileira de Normas Técnicas (ABNT), representante da ISO no Brasil, esse selo tem como objetivo certificar os produtos disponíveis no mercado, considerando seu ciclo de vida, bem como dinamizar a criação de novos programas de certificação ambiental de produtos onde seja necessário.

A ABNT tem um programa que busca suprir as necessidades do Brasil na área de certificação e possui algumas famílias de produtos selecionados para certificação: papel e celulose, couro e calçados, eletrodomésticos, aerossóis sem CFC, baterias automotivas, detergentes biodegradáveis, lâmpadas, móveis de madeira, embalagens, cosméticos e produtos de higiene pessoal.

A ABNT também busca seguir os padrões internacionais de certificação, buscando ser um padrão de referência como o *rótulo ecológico brasileiro*.

Normas ISO para rotulagem ambiental

A rotulagem ambiental é um mecanismo de comunicação com o mercado sobre os aspectos ambientais do produto ou serviço, com o objetivo de diferenciá-lo de outros produtos.

A rotulagem ambiental pode-se materializar por meio de símbolos, marcas, textos ou gráficos, que visam informar aos consumidores ou usuários sobre as características benéficas ao meio ambiente dos produtos ou serviços – biodegradabilidade, retornabilidade, uso de material reciclado, eficiência energética.

Em virtude da proliferação de rótulos e selos ambientais no mercado, e da necessidade de se estabelecerem padrões e regras para seu uso adequado, a Organização Internacional de Normalização (ISO) desenvolveu normas para a rotulagem ambiental. Entre esses princípios, um deles diz que os rótulos devem ser acurados, verificáveis, relevantes e não enganadores.

Outro princípio aponta que os rótulos não devem ser criados ou adotados com o objetivo de estabelecer obstáculos desnecessários ao comércio internacional – as chamadas *barreiras comerciais*.

Os princípios gerais para todos os tipos de rótulos e declarações encontram-se na ISO 14020.

Classificação dos rótulos ambientais

As normas ISO 14000 classificam os rótulos ambientais em três tipos:

A) Rótulo tipo I:

- Objeto da norma ISO 14024.

Estabelece requisitos para a criação de programas voluntários de terceira parte (baseados em múltiplos critérios), que concedem licença para o uso de rótulos ambientais em produtos, indicando a preferência ambiental global por um produto (em sua categoria de produtos) baseada em considerações sobre o ciclo de vida.

Essa abordagem evita que uma visão míope enxergue como ambientalmente saudáveis os produtos de certa etapa da cadeia produtiva, transferindo às demais o ônus da degradação ambiental.

B) Rótulo tipo II:

- Objeto da norma ISO 14021.

Refere-se à reivindicação de autodeclaração, sem certificação independente ou com certificação feita por produtores, comerciantes, distribuidores – ou por quem se beneficie de tal reivindicação – para informar aos consumidores as qualidades ambientais de seus produtos e serviços.

C) Rótulo tipo III:

- Objeto da norma ISO 14025.

Traz informações sobre dados ambientais de produtos, quantificados de acordo com um conjunto de parâmetros previamente selecionados e baseados na ACV.

Programa Brasileiro de Rotulagem Ambiental

O estabelecimento das normas ISO reduziu o risco de barreira às exportações brasileiras que se configurava no passado. O Programa Brasileiro de Rotulagem Ambiental, aplicável aos produtos que possuem vantagens ambientais competitivas:

- ajuda a introduzir esses produtos nos mais exigentes mercados internacionais;
- divulga aspectos de educação ambiental;
- distingue os produtos e serviços com boa performance ambiental em relação à concorrência desleal de produtos importados de baixa qualidade no mercado interno.

A rotulagem desempenha um importante papel no comércio exterior brasileiro.

Autoavaliações

Questão 1:

Com a implantação do sistema de gestão ambiental (SGA), as empresas tratam a questão ambiental como uma nova estratégia de negócio. Essas organizações visam:

a) melhorar a imagem da empresa.
b) ater-se às demandas da legislação.
c) ignorar as pressões de *stakeholders*.
d) ditar regras do mercado internacional.

Questão 2:

A Câmara de Comércio Internacional propõe alguns elementos no sistema de gestão para alcançar o desenvolvimento sustentável.
Esses elementos do sistema de gestão ambiental consistem em:

a) organização, planejamento, controle e motivação.
b) organização, planejamento, implementação e punição.
c) planejamento, implementação, organização e controle.
d) planejamento, implementação, monitoramento e controle.

Questão 3:

A avaliação e a gestão de riscos fazem parte de uma das fases do sistema de gestão ambiental proposto pela Câmara de Comércio Internacional (ICC).

Podemos, então, afirmar que essa é uma característica da fase de:

a) controle.
b) organização.
c) planejamento.
d) implementação.

Questão 4:

Estabelecido pelo Regulamento nº 1.836/93 da Comunidade Econômica Europeia, o Sistema Comunitário de Ecogestão e Auditoria (Emas) trata, claramente, da prevenção à poluição.

Dessa forma, o Sistema Comunitário de Ecogestão e Auditoria representa um:

a) processo de legislação ambiental aplicado em empresas.
b) processo de melhoria contínua das empresas envolvidas.
c) instrumento de melhoria da atuação ambiental empresarial.
d) instrumento limitado ao cumprimento da legislação ambiental.

Questão 5:

Uma das séries de normas internacionais elaboradas para tratar da gestão ambiental para diversas áreas temáticas é a ISO 14001. Essas normas são aplicáveis às organizações.

Desse modo, é possível afirmar que não representa uma área temática da família da ISO 14000:

a) auditoria ambiental.
b) avaliação de desempenho.
c) sistema de gestão ambiental.
d) programa ambiental específico.

Questão 6:

A avaliação ambiental inicial identifica pontos fortes e fracos em uma empresa, por meio de respostas para algumas questões importantes. Desse modo, essa avaliação permite que a empresa obtenha uma radiografia do sistema existente.

No sistema de certificação ambiental da NBR ISO 14001, a avaliação ambiental inicial:

a) analisa o resultado das auditorias.
b) é um requisito estratégico obrigatório.
c) avalia impactos ambientais significativos.
d) ignora o registro de acidentes ambientais.

Questão 7:

O objetivo dos registros é fornecer informações de que o sistema de gestão ambiental está em operação.
Consequentemente, esses registros devem:

a) rastrear a atividade, o produto ou o serviço envolvido.
b) assegurar a conformidade com uma política ambiental.
c) conter regulamentos que representem metas da empresa.
d) servir como instrumento no processo de melhoria contínua.

Questão 8:

O não atendimento a um requisito específico da norma é chamado *não conformidade*. Avaliamos as não conformidades durante o processo de auditoria ambiental.
Sempre que for detectada uma não conformidade, é necessário implementar uma:

a) certificação.
b) ação corretiva.
c) avaliação crítica.
d) política ambiental.

Questão 9:

Existem três tipos de auditoria ambiental. Um deles diz respeito à auditoria realizada pela própria organização para autoavaliação do sistema de gestão ambiental.

Podemos, então, classificar esse tipo de auditoria ambiental como auditoria:

a) voluntária ou involuntária.
b) média ou de terceira parte.
c) interna ou de primeira parte.
d) externa ou de segunda parte.

Questão 10:

Consideramos a *análise do ciclo de vida* um método para a tomada de decisões, cujos resultados podem ser verificados e repetidos. Essa análise mede o desempenho ambiental de produtos e serviços.

Com relação à análise do ciclo de vida, podemos afirmar que:

a) elimina a subjetividade desde o início dos estudos.
b) é uma descrição imperfeita do sistema de produção.
c) dispensa uma revisão crítica feita por um especialista.
d) é adotada por um número cada vez menor de empresas.

Vocabulário

Vocabulário

A

Ação proativa – movimento de antecipação às situações que virão ocorrer, isto é, a ação proativa está ligada à capacidade de se *tomar iniciativa*, o que as organizações procuram encontrar em seus funcionários.

Acidificação – fenômeno decorrente do aumento da acidez do meio e gerado pela emissão do óxido de azoto e amônia. São alterações químicas que podem causar sérios problemas ao meio ambiente atingido por elas, como ocorre com as conhecidas chuvas ácidas.

Acordo-quadro – instrumento que trata dos temas a serem negociados e que precisa ser firmado por governos envolvidos em uma organização. As partes apresentam, de forma genérica, seus interesses, visando chegar a um consenso.

Acreditação – outorga de certificação de avaliação que expressa a conformidade com um conjunto de requisitos preestabelecidos. Concede reputação, torna digno de confiança. Avalia a capacitação e a competência, tanto dos profissionais quanto da própria entidade, de acordo com normas aplicadas por igual a todas as entidades da mesma categoria.

Aduana – segundo o dicionário *Aurélio*, é o mesmo que *alfândega*, instituição tributária, regulatória e controladora da atividade do comércio exterior.

Agenda 21 – acordo firmado na Rio-92, constituído pela sistematização de um programa de ações para o desenvolvimento sustentável. Abrangente plano a ser implementado por organizações do sistema das Nações Unidas, por governos e pela sociedade civil em todas as áreas em que a ação humana impacta o meio ambiente.

Água salobra – segundo o dicionário *Aurélio*: "Diz-se daquela de salinidade inferior à das águas oceânicas e que contém em dissolução alguns sais ou substâncias que a fazem desagradável".

Área de Livre Comércio das Américas (Alca) – acordo comercial idealizado pelos Estados Unidos, proposto para todos os países da América, exceto Cuba, segundo o qual seriam gradualmente derrubadas as barreiras ao comércio entre os estados-membros e prevê a isenção de tarifas alfandegárias para quase todos os itens de comércio entre os países associados.

Esse acordo foi delineado na Cúpula das Américas, realizada em Miami, em 1994. O projeto é resultado da tendência, no contexto da globalização, em que os países procuram estreitar as relações comerciais por meio de uma integração mais efetiva, cujas trocas comerciais possam acontecer de forma menos burocrática e com maiores incentivos.

Associação Brasileira de Normas Técnicas (ABNT) – órgão privado responsável pela normalização técnica no país. Membro fundador da International Organization for Standardization (ISO), da Comissão Panamericana de Normas Técnicas (Copant) e da Associação Mercosul de Normalização (AMN).

Ativo – nome genérico dado a máquinas, empresas, ações de uma firma, enfim, a qualquer bem que faça parte da carteira de investimentos. Conjunto de investimentos ou recursos alocados às atividades de uma empresa, englobando seus bens e direitos, como dinheiro disponível, contas a receber, estoques de mercadorias, funcionários, equipamentos produtivos, terrenos e edifícios, entre outros.

É comum, no mercado, referir-se ao *ativo da empresa*, como composto por um grande conjunto de outros ativos menores.

Ativo financeiro – conjunto de títulos, bens ou *commodities* que podem ser transformados em moeda corrente de maneira rápida. Alguns exemplos são ações, debêntures e ouro.

Ato Único Europeu – primeira grande revisão do Tratado de Roma, de 1957, em que foram criadas a Comunidade Econômica Europeia e a Comunidade Europeia de Energia Atômica.

O Ato Único Europeu entrou em vigor em 1987, alterando as regras de relacionamentos dos países-membros e ampliando os objetivos e campos de atuação das *comunidades*. Visou ainda a cooperação na área da ciência e tecnologia, a criação do Sistema Monetário Europeu e uma política comum para o meio ambiente.

Átomo – menor porção em que se pode dividir um elemento químico mantendo ainda suas propriedades. São os componentes básicos das moléculas e da matéria comum, compostos por partículas subatômicas – as mais conhecidas são os prótons, os nêutrons e os elétrons.

Auditoria de certificação – maneira de verificar se o sistema implementado em uma empresa está adequado ao que é definido pela norma. Realiza-se a partir de entrevistas, análises e observações, que, caso resultem em uma aprovação, permitirão a certificação da empresa.

Auditoria de terceira parte – auditoria realizada por entidades externas, independentes e credenciadas para a prestação deste tipo de serviço. Os organismos de certificação são um bom exemplo de entidades que realizam tal atividade.

Autodeclaração – afirmação de qualidade ambiental de determinado produto ou serviço. Pode ser expressa por meio de um texto ou símbolo que informe, por exemplo, que o produto foi elaborado com material reciclado, que o equipamento economiza energia, que o atum foi pescado com dispositivos que salvam os golfinhos das redes, etc.

Para evitar fraudes, a norma ISO 14021 ressalta que as autodeclarações ambientais devem ser verificáveis, referir-se a aspectos relevantes e ser específicas e claras, evitando expressões como *produto verde, ecológico, amigo da Terra*, etc.

Avaliação ambiental estratégica – mecanismo que avalia sistematicamente os impactos ambientais presentes e futuros – possíveis em uma determinada região – por meio dos órgãos públicos que definem atividades estratégicas realizadas por políticas, planos e programas. Com isso, é possível conhecer que tipos de empreendimentos podem ser implantados em uma dada região.

Avaliação do ciclo de vida (ACV) – método utilizado para avaliar o impacto ambiental de bens e serviços. É o resultado da análise do ciclo de vida completo do produto, processo ou atividade, ou seja, a extração e o processamento de matérias-primas, a fabricação, o transporte e a distribuição; o uso, o reemprego, a manutenção; a reciclagem, a reutilização e a disposição final. É conhecida também como avaliação do ciclo de vida do produto ou *life cycle assessment* (LCA).

B

Banco Mundial – órgão que participou da reconstrução da Europa no pós-guerra, sediado em Washington, Estados Unidos. Auxilia o desenvolvimento econômico dos países filiados, por meio de empréstimos para empresas estatais e particulares dos mesmos. Desde 1980, aprova projetos para diminuir os efeitos sociais dos programas de ajuste econômico do Fundo Monetário Internacional (FMI).

Composto pela parceria entre o Banco Internacional para a Reconstrução e o Desenvolvimento (Bird) e a Associação Internacional de Desenvolvimento (AID).

Barreiras comerciais – medidas tomadas por governos dos Estados-nação com o intuito de impedir ou minorar a entrada de produtos estrangeiros em seu mercado consumidor. As barreiras comerciais podem ser diretas (taxas, tarifas e limite de volume de importação) ou indiretas (normas técnicas, exigências fitossanitárias, etc.).

Bens intangíveis – bens intocáveis, ou seja, que não possuem existência física. São de propriedade intelectual, como, por exemplo, ações, direitos autorais, patentes, registros, marcas, autorizações ou concessões, entre outros.

Bens tangíveis – bens palpáveis, perceptíveis. Em geral, produtos que a empresa fabrica, em detrimento dos serviços intangíveis, isto é, não palpáveis.

Biodegradabilidade – condição da substância suscetível de decomposição por microrganismos. Os microrganismos se utilizam da substância para a produção de energia por respiração celular e criação de aminoácidos, novos tecidos ou organismos.

Empregado satisfatoriamente na eliminação de contaminantes como dejetos orgânicos, detergentes, papel, hidrocarbonetos, entre outros, esse tratamento pode não ser efetivo se o contaminante tiver substâncias como metais pesados ou se o meio apresentar um pH extremo.

Biodiversidade – conceito que determina a diversidade biológica entre os seres vivos: animais, vegetais, fungos, bactérias, etc. A biodiversidade está associada à diversidade do genoma de cada espécie e de cada indivíduo e, consequentemente, ao ecossistema.

Biomimética – imitação dos modelos da natureza. Esforço interdisciplinar destinado à compreensão dos princípios da natureza e a sua aplicação para aperfeiçoar a tecnologia atual. Uma célula de energia solar inspirada em uma folha é um exemplo de aplicação biomimética.

Biotecnologia – aplicação tecnológica que utiliza sistemas biológicos, organismos vivos ou seus derivados na fabricação ou modificação de produtos ou processos para uma utilização específica.

British Standards Institute (BSI) – organização sem fins lucrativos, independente do governo e de associações industriais ou comerciais, cujas divisões de operação (certificação de produtos, garantia de qualidade, padronização, serviços de treinamento) são preparadas para alcançar o maior sucesso no uso dos padrões.

C

Calota polar – região de latitude elevada de um planeta, centrados em suas regiões polares, que ficam, portanto, cobertas de gelo. Sua composição de gelo pode variar. Por exemplo, os polos terrestres são formados essencialmente por gelo de água, enquanto que os de Marte são uma mistura de gelo de dióxido de carbono com água.

Câmara de Comércio Internacional – conhecida mundialmente por International Chamber of Commerce, é uma organização não governamental sediada em Paris que busca, entre outros objetivos, desenvolver estudos voltados para a uniformização de costumes e práticas comerciais internacionais.

Reconhecendo que a proteção ambiental está entre as prioridades em qualquer tipo de negócio, definiu, em 27 de novembro de 1990, uma série de princípios de gestão ambiental, entre os quais a *Business Charter for Sustainable Development* (Carta Empresarial para o Desenvolvimento Sustentável).

Chuva ácida – termo usado pela primeira vez em 1872, por Robert Angus Smith, químico e climatologista inglês, para designar a precipitação ácida que ocorreu sobre a cidade de Manchester. É causada pelo enxofre originado das impurezas da queima dos combustíveis fósseis e pelo nitrogênio do ar. Combinados com o oxigênio, formam dióxido de enxofre e dióxido de nitrogênio.

Ciclo biogênico – ritmo de sucessão ou repetição dos fenômenos relacionados à origem e ao desenvolvimento dos organismos.

Clorofluorcarbono (CFC) – substância química artificial, utilizada principalmente em refrigeradores, condicionadores de ar e aerossóis. Constitui o mais poderoso gás que provoca o efeito estufa.

Comissão para a Cooperação Ambiental da América do Norte (CCAAN) – comissão criada pelo Nafta, em 1994, para tratar de assuntos ambientais. É a única instância de um acordo de livre comércio voltada para questão ambiental.

Comunidade Econômica Europeia – antecedente da União Europeia, foi instituída pelo Tratado de Roma, assinado em 1957. Seu objetivo inicial era a coordenação de algumas políticas econômicas setoriais dos países centrais, impossibilitando o desenvolvimento de rivalidades econômicas. Também buscava estabelecer uma união aduaneira e econômica, além de um mercado comum.

Comunidade financeira – grupo de pessoas que se relaciona à circulação e ao gerenciamento do dinheiro, participa efetivamente das relações monetárias e é afetado por qualquer alteração estabelecida neste âmbito. Os banqueiros, os negociantes e os consumidores são, entre outros, os integrantes dessa comunidade.

Conferência das Nações Unidas sobre o Meio Ambiente – primeira reunião global sobre meio ambiente, realizada em 1972, na cidade de Estocolmo. Essa conferência produziu a declaração sobre o meio ambiente humano, uma declaração de princípios de comportamento e responsabilidade que deveriam governar as decisões relacionadas a questões ambientais.

Conferência das Nações Unidas sobre Meio Ambiente e Desenvolvimento – evento realizado no Rio de Janeiro, durante o qual os países revisaram as propostas de Estocolmo e assinaram cinco documentos: a Declaração do Rio sobre Meio Ambiente e Desenvolvimento; a Agenda 21; o Princípio para a Administração Sustentável das Florestas; a Convenção da Biodiversidade e a Convenção sobre Mudança do Clima.

Controle operacional – gerenciamento dos procedimentos que verifica se o compromisso com a prevenção da poluição, e o cumprimento dos requisitos legais de atenuação de impacto ambiental estão sendo praticados. Nesse caso, os procedimentos e as instruções devem apresentar a possibilidade de monitoração para que se verifique a conformidade entre as instruções e as práticas, permitindo, assim, o sucesso do controle.

Convenção da Diversidade Biológica – tem por objetivo a conservação da diversidade biológica, o uso sustentável de seus componentes e a justa e equitativa distribuição dos benefícios obtidos da utilização dos recursos genéticos.

Convenção para a Proteção da Flora, Fauna e Belezas Naturais dos Países Americanos – convenção acordada para a proteção e conservação de todas as espécies e gêneros da flora e fauna em número suficiente, em seu ambiente natural e em locais que sejam bastante extensos para que se evite a extinção.

Busca a conservação de paisagens, de formações geológicas, de regiões e objetos naturais de interesse estético ou de valor histórico-científico. Negociada e acordada em Washington em 1940, foi ratificada pelo Brasil em 1948.

Criação de valor – concentração de esforços necessários para incrementar o produto oferecido, visando aumentar seu valor de mercado.

D

DDT – inseticida organoclorado – orgânico que contém cloro –, também conhecido como *diclorodifeniltricloroetano*, pode ser considerado o pesticida de maior importância histórica devido a seu impacto no ambiente, na agricultura e na saúde humana.

Um dos grandes perigos é que ele não é um composto hidrossolúvel, ou seja, não se dissolve em água. Ao contrário disso, ele é bastante lipossolúvel, ou seja, dissolve-se facilmente em gorduras. Quando pulverizado nos alimentos para que estes não sejam atacados por pestes, além de não se degradar, não sai com uma lavagem normal porque não se dissolve. Dessa forma, o DDT persiste nos alimentos até chegar à boca dos animais ou mesmo do próprio homem.

Desenvolvimento sustentável – equilíbrio entre tecnologia e ambiente, de maneira a preservar a qualidade de vida e o bem-estar da sociedade, levando em conta fatores como a sustentabilidade futura e a justiça social.

Dioxina – considerada a mais violenta substância criada pelo homem. Seu grau de periculosidade, segundo alguns autores, ultrapassa até o urânio e o plutônio. Se moléculas de cloro forem submetidas a altas temperaturas em presença de matéria orgânica, algum tipo de dioxina será gerado.

Entre os males causados pela dioxina no homem, encontram-se o extermínio das defesas orgânicas (comparado à Aids), o surgimento de vários tipos de câncer e a teratogenia (geração de crianças deformadas).

Dow Jones & Company – empresa de divulgação das cotações e notícias econômicas do mercado de Nova Iorque, uma das maiores produtoras mundiais de pesquisas empresariais e financeiras. É responsável pela edição do *The Wall Street Journal*, além de muitas outras publicações destinadas a informações financeiras e corporativas – inclusive, *on-line*.

Criou o Dow Jones Internet Index, que fornece a cotação das ações em bolsas americanas de empresas de internet.

E

Ecoeficiência – qualidade representada por atividades e esforços que uma organização desenvolve para otimizar a utilização de recursos naturais com a finalidade de reduzir o impacto ambiental.

É alcançada mediante o fornecimento de bens e serviços a preços competitivos que satisfaçam as necessidades humanas e tragam qualidade de vida, reduzindo o consumo de recursos ao longo do ciclo de vida a um nível, no mínimo, equivalente à capacidade de sustentação estimada da Terra.

Ecossistema ou sistema ecológico – complexo dinâmico de comunidades vegetais, animais, micro-organismos e seu meio ambiente físico, que interagem, em harmonia, como uma unidade funcional.

Educação ambiental – forma abrangente de educação que se propõe a atingir todos os cidadãos por meio de processo pedagógico que visa incutir no educando uma consciência crítica sobre a problemática ambiental.

Eficiência energética – utilização de energia de forma eficiente, de modo a evitar desperdícios, contribuir para a preservação do meio ambiente e garantir a qualidade da distribuição, entre outros benefícios. Está ligada, muitas vezes, à melhoria na qualidade do ambiente de trabalho e do processo produtivo.

Efluente – substância líquida, sólida ou gasosa, emergente de um sistema, como de uma estação de tratamento ou processo industrial de resfriamento de metais. Os efluentes são tóxicos e podem ser tratáveis ou não.

Empresa acreditadora – tipo de empresa que avalia a competência técnica, a independência e a imparcialidade de uma empresa certificadora. Toda acreditadora deve estar inserida em uma rede internacional para garantir o reconhecimento mútuo do certificado das empresas certificadoras.

Energia renovável – energias alternativas obtidas por meio de fontes naturais possíveis de regeneração. São exemplos: a energia solar, a eólica e a hidráulica.

Representam uma opção de energia com relação ao modelo energético tradicional, tendo em vista a garantia de sua disponibilidade e o menor impacto ambiental que provoca, embora em alguns casos possa gerar grandes alterações.

Era Glacial – período em que a superfície da Terra se encontra coberta por geleiras. Uma Era Glacial, também conhecida como Era do Gelo, dura cerca de 100 mil anos.

Era Interglacial – breve momento de clima mais quente que interrompe o frio polar reinante durante uma glaciação. É um *fugaz verão*, correspondente a 10 mil anos dos 100 mil da Era Glacial.

Escopo do trabalho – objetivo que engloba todas as atividades de trabalho necessárias para atender os requisitos fixados para o projeto.

Eutrofização – fenômeno que afeta lagos, rios e mesmo zonas marinhas costeiras de todo o mundo, alterando o equilíbrio do ecossistema e deteriorando a qualidade da água. Ocorre o aumento de nutrientes ou matéria orgânica em um ecossistema aquático, resultando na maior produtividade primária e, geralmente, na diminuição do volume total do ecossistema.

Quando a origem é natural, o sistema aquático torna-se eutrófico muito lentamente e o ecossistema mantém-se em equilíbrio – a água se mantém com boa qualidade para o consumo humano e a comunidade biológica continua saudável e diversa. Quando, ao contrário, a eutrofização resulta de atividades humanas, acelera-se o processo, os ciclos biológicos e químicos podem ser interrompidos e, muitas vezes, o sistema progride para um estado essencialmente morto.[23]

Ex situ – tipo de conservação de componentes da diversidade biológica em ambiente artificial, isto é, fora de seu *habitat* natural.

Externalidades – situação do ambiente econômico que interfere no bem-estar de um consumidor ou nas possibilidades de produção de uma empresa. Essa interferência pode ser negativa ou positiva – o aumento ou a redução do custo de produção, por exemplo.

No contexto ambiental, são externalidades negativas:

- a poluição emitida por uma fábrica que afeta a saúde dos moradores de uma região;
- o ruído provocado pelos aviões que operam em aeroporto próximo à zona residencial;
- a erosão decorrente da derrubada de uma mata.

---

[23] Mais informações disponíveis em: <www.naturlink.pt>.

F

Fast Money – fundo global criado para financiar ações de combate ao aquecimento global nos países pobres.

Fórum multilateral – tipo de comissão formada por grupos de pessoas que representam a sociedade civil, as empresas, os sindicatos, entre outros. Destina-se aos debates sobre temas diversos e ao intercâmbio de informações que se relacionam aos interesses das partes envolvidas.

Fundo verde (COP 16) – fundo global criado na Cúpula de Mudança Climática de Cancún (COP 16). Seu objetivo é financiar programas que ajudem na adaptação e combate às mudanças climáticas nos países em desenvolvimento até 2020.

G

Gás rarefeito – substância que ultrapassou a temperatura crítica – que impede a mudança de estados físicos – e que é difuso, pouco denso, com baixo percentual de elementos mais pesados como o carbono, o oxigênio e o hélio.

Gases de efeito estufa (GEE)/*greenhouse gases* (GHG) – tipo de gás que deixa passar as radiações solares de ondas curtas e que retarda as radiações infravermelhas de ondas longas refletidas pela superfície terrestre, mantendo a atmosfera aquecida. Sem esse fenômeno, a Terra seria fria e inabitável.

Alguns exemplos de GEE são o dióxido de carbono (CO_2), o ozônio (O_3), o metano (CH_4), o óxido nitroso (N_2O) e o vapor d'água.

Ainda que o efeito estufa seja necessário, o aumento da geração desses gases associado às atividades humanas, com o crescimento progressivo do uso de combustível fóssil nas últimas décadas, está aumentando ainda mais a retenção das radiações infravermelhas e, consequentemente, elevando a temperatura global.

Genoma – conjunto de genes que define como se desenvolve e como funciona um ser vivo. É transmitido, com variações individuais, de geração em geração e determina a espécie do ser vivo. É encontrado no núcleo das células sob a forma de 46 filamentos, enrolados em *pacotes* chamados cromossomos, que incluem também moléculas de proteínas associadas. Em 1985, foi criado o Projeto Genoma, com o objetivo de mapear o genoma humano.

Gestão ambiental empresarial – conjunto das diferentes atividades administrativas e operacionais realizadas pela empresa a fim de abordar problemas ambientais decorrentes de sua atuação ou para evitar que eles ocorram no futuro.

Gestão da qualidade total (GQT) – abordagem sistemática, também conhecida como *total quality management* (TQM), que busca a melhoria contínua da produtividade. A GQT abrange o sistema de liderança, planejamento estratégico, processos e produtos, assim como o desenvolvimento de recursos humanos, a preocupação com o atendimento às necessidades do cliente, os requisitos da lei e sua inserção na comunidade, sempre superando continuamente seus resultados.

Glaciares – termo equivalente à geleira.

Globalização – processo típico da segunda metade do século XX, que conduz à crescente integração das economias e das sociedades dos vários países, especialmente no tocante à difusão de informações, à produção de mercadorias e serviços, e aos mercados financeiros.

Gro Harlem Brundtland – ex-primeira-ministra da Noruega e ex-presidente da Comissão Mundial sobre Meio Ambiente e Desenvolvimento, é uma líder mundial em desenvolvimento sustentável e políticas de saúde. Nos anos 1960, entrou para a Universidade de Oslo para estudar Medicina, seguindo os passos do pai. Em 1964, foi aceita em Harvard, onde se especializou em saúde pública. Depois de concluir seu mestrado, voltou para a Noruega, onde foi trabalhar no Departamento de Serviços Sociais de Oslo, como diretora-assistente do corpo de saúde.

Assim despontou sua carreira política. Tornou-se ministra em 1974 e líder do Labour Party em 1981, ano em que assumiu o cargo de primeira-ministra. Em 1983, tornou-se diretora da Comissão Mundial sobre Meio Ambiente e Desenvolvimento, onde defendeu arduamente o desenvolvimento sustentável. Em 1998, foi a primeira mulher a assumir o cargo de diretora-geral da Organização Mundial de Saúde.

H

Halon – designação de um conjunto de hidrocarbonetos halogenados. Contendo elementos químicos como o bromo, flúor, iodo e cloro, atua sobre o processo de combustão, inibindo o fenômeno da reação em cadeia.

Agente extintor que teve grande sucesso no combate a incêndios por suas propriedades de limpeza e eficácia, encontra-se interdito por razões de ordem ambiental.

I

Impacto ambiental – Segundo a Resolução nº 01/86 do Conama:[24] "qualquer alteração das propriedades físicas, químicas e biológicas do meio ambiente, causada por qualquer forma de matéria ou energia resultante das atividades humanas".

Consideram-se impactos aqueles que afetam, direta ou indiretamente, a saúde, a segurança e o bem-estar da população, as atividades sociais e econômicas, a biota, as condições estéticas e sanitárias do meio ambiente, além da qualidade dos recursos ambientais.

Indicador de desenvolvimento sustentável – dado, elemento ou estatística – que pode ser valor absoluto, razão ou outro índice –, que tem uso na mensuração do nível de sustentabilidade social, ambiental, econômica e institucional de uma sociedade ou território.

---

[24] BRASIL. Resolução Conama nº 001, de 23 de janeiro de 1986. *Diário Oficial da União*, de 17 de fevereiro de 1986. Disponível em: <www.mma.gov.br/port/conama/res/res86/res0186.html>. Acesso em: 17 dez. 2012.

Indicadores – parâmetros selecionados e considerados isoladamente ou combinados entre si, sendo de especial importância para traduzir determinadas condições dos sistemas em análise.

Normalmente, são utilizados com pré-tratamento, isto é, são efetuados tratamentos aos dados originais, tais como médias aritméticas simples, percentuais, medianas, entre outros. Uma queda de pressão de um barômetro, por exemplo, pode indicar a aproximação de uma tempestade.

Índice mundial de sustentabilidade da Dow Jones/Dow Jones Sustainability Indexes (DJSI) – parâmetro para análise da atuação dos investidores que assumem uma responsabilidade socioambiental. É o índice mundial mais importante na área de monitoramento de empresas que se destacam por sua política de sustentabilidade.

In situ – tipo de conservação de ecossistemas e *habitat*, compreendendo manutenção e recuperação de populações viáveis de espécies em seus meios naturais; no caso de espécies domesticadas ou cultivadas, nos meios onde tenham desenvolvido suas propriedades características.

Intercalibração – Forma de avaliar os métodos de escolha dos indicadores de desenvolvimento sustentável tornando-os comparáveis uns aos outros e orientando, consequentemente, os processos de seleção dos mesmos.

International Chamber of Commerce (ICC)/Câmara de Comércio Internacional – organização comercial global cujo objetivo é promover o comércio e os investimentos internacionais, assim como normas de conduta para a realização de negócios internacionais.

International Organization for Standardization (ISO) – organização internacional que aglomera os grêmios de estandardização de mais de 100 países. A ISO aprova *standards* internacionais em vários campos técnicos, funcionando como um sistema de qualidade, que cria modelos para a garantia da qualidade em produção, instalação e serviços. Em português, é conhecida como Organização Internacional de Normalização.

Inventário do ciclo de vida (ICV) – inventário de todos os *inputs* e *outputs* dos processos industriais que ocorrem durante o ciclo de vida do produto, incluindo as fases industrial, de distribuição, de uso e de disposição final do produto.

É uma tabela que sistematiza as entradas e saídas de todos os processos envolvidos no ciclo de vida de um produto. Pode ser representado por uma árvore de processos.

Investidor confidencial – pessoa que investe no mercado financeiro, ou seja, aplica capital buscando lucro de forma secreta, sigilosa, sem divulgação.

ISO 9000 – conjunto de normas e de guias internacionais para a certificação de sistemas de gestão de qualidade. Essas normas são genéricas, elaboradas para servirem a todos os tipos de negócio. Foram lançadas em 1987 e revisadas em 1994. No Brasil, são denominadas de NBR ISO 9000.

ISO 14000 – conjunto de normas elaboradas que servem como um guia sobre a gestão ambiental de empresas. No Brasil, são denominadas NBR ISO 14000. A série ISO 14000 está detalhadamente descrita no folheto do TC 207, *Meet the whole family*.[25]

ISO 14001/Certificação de Sistema de Gestão Ambiental – série de normas que disponibiliza as informações de empresas certificadas por organismos credenciados pelo Inmetro na área de Sistemas de Gestão Ambiental.

A Certificação de SGA reconhece que um produto foi feito obedecendo às normas que atendem aos compromissos legais com as práticas ambientais.

ISO 14020 – conjunto de princípios aplicáveis a todo o tipo de rotulagem ou declaração ambiental, com o objetivo de assegurar correção técnica, transparência, credibilidade e relevância ambiental.

ISO 14021 – norma que apresenta os requisitos necessários às autodeclarações ambientais. É um guia da terminologia, simbologia e metodologia

---

[25] Disponível em: <www.iso.ch>.

empregadas na confecção e verificação dessas declarações. Além disso, descreve os termos geralmente usados e disponibiliza qualificações para o uso dos mesmos.

ISO 14024 – norma para a rotulagem ambiental responsável pela regulação e apresentação de princípios e protocolos que devem ser seguidos pelos grupos destinados a essa atividade.

ISO 14025 – norma que apresenta requisitos e princípios estabelecidos para os programas de rotulagem ambiental Tipo III e para declarações, além de orientar a verificação e acreditação dos mesmos.

ISO 14040 – norma que define a avaliação do ciclo de vida e a análise do uso da energia e de materiais com sua consequente geração de resíduos. Visa regulamentar um estudo do impacto ambiental que permita gerar melhorias para o meio ambiente.

L

Lençol freático – água que se infiltra nas rochas ou no solo e, junto com o ar, ocupa o espaço entre seus fragmentos. É proveniente de chuvas, rios, lagos ou neve. Dependendo do solo, pode aflorar, formando a nascente de um rio.

M

Mecanismo de Desenvolvimento Limpo (MDL) – mecanismo de flexibilização que promove a participação dos países em desenvolvimento por meio da difusão de tecnologias limpas. Os países desenvolvidos (partes do anexo B do Protocolo de Quioto) terão duas opções para adquirir redução de suas emissões de GEEs por meio do MDL.

Primeiramente, o MDL estende-se a *implementação conjunta* aos países em desenvolvimento (PED) permitindo às partes do anexo B ganharem créditos em direção a suas metas de emissões pela parceria com um PED, em um projeto que reduz emissões.

Por exemplo, uma parte do anexo B pode adquirir reduções ao ajudar um PED a distribuir energia solar aos cidadãos que, de alguma forma, dependem de combustíveis poluentes para a produção de energia. Em segundo lugar, as partes do anexo B poderão comprar reduções diretamente do MDL. Nesse caso, os países do anexo B podem financiar projetos para reduzir emissões nos PEDs, assistir as nações ameaçadas pelos impactos das mudanças climáticas e pagar custos administrativos. O MDL também cria um significante incentivo para ações antecipadas permitindo às partes do anexo B a contar reduções adquiridas por meio do MDL já a partir de 2000.

Mercado de carbono – mecanismo instituído pelo Protocolo de Quioto para reduzir os custos no corte das emissões de gases de efeito estufa.

Mercosul – união aduaneira de cinco países da América do Sul, originalmente composta por Argentina, Brasil, Paraguai e Uruguai – em julho de 2006, foi integrada a Venezuela. Também chamado de Cone Sul. É uma personalidade jurídica de direito internacional, sendo competente para negociar, em nome próprio, acordos com países, grupos de países e organismos internacionais.

Representa um mercado potencial de 200 milhões de habitantes, com PIB acumulado de mais de US$ 1 trilhão, situando-se entre as quatro maiores economias do mundo, atrás do Nafta, da União Europeia e do Japão.

Mitigação – abrandamento, suavização, diminuição. Nesse contexto, diz respeito aos impactos produzidos pelos acidentes ambientais. Ou seja, atenuação das consequências por meio de medidas para corrigir e reparar os danos provocados.

Modelo de Hart e Milstein – modelo criado por Stuart Hart e Hebert Milstein para a criação de valor sustentável. Nesse modelo, há quatro conjuntos de motivadores para a busca da sustentabilidade: inovação e reposicionamento; crescimento e trajetória; redução de custos e riscos; reputação e legitimidade.[26]

Modelo pressão-estado-resposta (PER) – modelo para construção de indicadores ambientais baseado no conceito de causalidade. Consiste na análise das atividades humanas exercendo *pressão* no ambiente, consequentemente alterando sua qualidade, ou seja, seu *estado*, o que provoca determinadas *respostas* representadas por políticas ambientais, econômicas e setoriais.

N

Nanotecnologia – tecnologia que consiste na habilidade de manipular a matéria na escala atômica para criar estruturas com uma organização molecular diferenciada. Pela reduzida escala em que atua, pode sintetizar a matéria da forma que for mais adequada à utilização que se espera que ela tenha.

Entre suas possíveis aplicações, estão o aumento da capacidade de armazenamento e processamento de dados dos computadores, a criação de materiais mais leves e mais resistentes do que metais e plásticos, além de outras inovações em desenvolvimento. Economia de energia, proteção ao meio ambiente e menor uso de matérias-primas escassas são possibilidades concretas dos desenvolvimentos em nanotecnologia que estão ocorrendo hoje e podem ser antevistas.

National Aeronautics and Space Administration (Nasa) – agência do governo dos Estados Unidos cuja responsabilidade é a pesquisa e o desenvolvimento de tecnologias e programas de exploração do espaço. Foi a responsável pelo envio do primeiro homem à Lua, e tem pretensões de sair do sistema solar. Desenvolve seu trabalho em parceria com a Agência Espacial Europeia, a Agência Espacial Russa e com alguns países asiáticos.

---

[26] Modelo publicado em: HART, S.; MILSTEIN, M. Creating sustainable value. *Academy of Management Executive*, v. 17, n. 2, p. 56-69, 2003.

NBR ISO 14001 – norma técnica que tem como objetivo disponibilizar às organizações elementos de um sistema de gestão ambiental (SGA) eficaz, além de auxiliá-las a alcançar suas metas ambientais e econômicas.

NBR ISO 14004 – norma de orientação que estabelece as diretrizes gerais sobre os princípios, sistemas e técnicas de apoio relacionadas à gestão ambiental.

Apresenta opções de subsídios para a implementação do sistema de gestão ambiental (SGA) e enfatiza o monitoramento e identificação dos indicadores de desempenho ambiental.

NBR ISO 14040:2001 – série de normas direcionada à gestão ambiental que disponibiliza princípios e estruturas, além de alguns requisitos metodológicos, para possibilitar os processos de estudos da avaliação do ciclo de vida (ACV).

NBR ISO 14041:2004 – conjunto de normas que se destina à avaliação do ciclo de vida e aborda a definição do objetivo e do escopo (limitações) e a análise do inventário, isto é, dos dados de entrada e saída dos processos de uma empresa (*inputs* e *outputs*).

NBR ISO 14042:2004 – norma que descreve e orienta a fase da avaliação dos impactos ambientais gerados pelo ciclo de vida. Pode ser entendida por meio de três etapas, que são a classificação dos impactos em categorias, a caracterização dos dados do inventário que permitem a quantificação das categorias e, por fim, a avaliação dessas categorias de impactos e suas importâncias.

NBR ISO 14043:2000 – conjunto de normas relativas à interpretação do ciclo de vida. Consiste em algumas propostas de avaliação das chances de redução de consumos de energia e de recursos, e também de atenuação dos impactos ambientais nas diversas fases do sistema.

Nicho de mercado – pequeno segmento de um determinado mercado, que oferece oportunidades de negócios incrementais. Em geral, o nicho de mercado corresponde a um grupo de consumidores potenciais que apresenta uma característica bem-definida acerca de suas necessidades, em relação a algum produto ou serviço.

North American Free Trade Agreement (Nafta)/Acordo de Livre Comércio da América do Norte – acordo estabelecido entre Estados Unidos, Canadá e México para a criação de uma área de livre-comércio, com um cronograma de 15 anos de implantação. Pretende se expandir para o restante das Américas, transformando-se na Área de Livre Comércio das Américas (Alca).

O

Organização das Nações Unidas (ONU) – organização sediada em Nova Iorque, configura-se pela união de países voltados para a promoção da paz mundial, da segurança e da colaboração internacional por meio de missões de paz, de programas econômicos, sociais e educacionais, e de outras atividades. Fundada em 24 de outubro de 1945, após a II Guerra Mundial.

Organização das Nações Unidas para o Desenvolvimento Industrial/United Nations Industrial Development Organization (Unido) – instituição da ONU criada em 1966. Tem como objetivos principais a promoção e a aceleração do desenvolvimento industrial nos países em desenvolvimento.

Organização de Comida e Agricultura da ONU – em inglês, Food and Agriculture Organization of the United Nations (FAO). Fundada em 1945, a FAO lidera os esforços internacionais para derrotar a fome. Age como um fórum neutro, onde todas as nações se encontram como iguais para negociar acordos e debater políticas sociais.

A FAO também é uma fonte de conhecimento e informação. Ajuda países em desenvolvimento a implantar técnicas de agricultura e pescaria, entre outras atividades.

Organização Meteorológica Mundial (OMM) – conhecida internacionalmente como World Meteorological Organization (WMO) e criada em 1950, substituiu a Organização Meteorológica Internacional, de 1873. É responsável pelo equacionamento do tempo e clima em todo mundo. Atualmente, conta com 195 países-membros. Posteriormente, seu mandato foi ampliado para incluir a hidrologia operativa – estudo do comportamento pluviométrico ou chuvas em várias regiões do mundo.

Organização não governamental (ONG) – entidade comunitária que não possui nenhum vínculo com o governo municipal, estadual ou federal. Não possui interesse comercial direto, não tem fins lucrativos e atende aos membros da comunidade. O termo *ONG* foi usado pela primeira vez em 1950, pela Organização das Nações Unidas (ONU) para definir toda organização da sociedade civil que não estivesse vinculada a um governo.

Organização para a Cooperação e Desenvolvimento Econômico (OCDE) – organização internacional, sediada em Paris, cujos princípios são a democracia representativa e a economia de livre mercado. Composta por 30 países, todos industrializados, tem como objetivo ajudar o desenvolvimento econômico e social de todo o mundo, incentivando os investimentos para os países em desenvolvimento.

P

Painel Intergovernamental sobre Mudanças Climáticas/Intergovernmental Panel on Climate Change (IPCC) – órgão intergovernamental criado em 1988 pela Organização Meteorológica Mundial e pelo Pnuma. É formado por um grupo de cientistas de diversos países e áreas do conhecimento, com o objetivo de respaldar técnica e cientificamente as negociações em torno do tema das mudanças climáticas.

O IPCC divide-se em três grupos: o primeiro grupo estuda os aspectos científicos do sistema climático e da mudança climática. O segundo avalia a vulnerabilidade da humanidade e dos sistemas naturais às mudanças climáticas, avalia suas consequências positivas e negativas e também as opções para a adaptação necessária às mudanças. O último grupo analisa as possibilidades de limitação de emissão de GEE, de mitigação da mudança climática e as consequências dessas medidas do ponto de vista socioeconômico.

Papel catalítico – no contexto empresarial, representa uma maneira de se portar diante de situações considerando a possibilidade e a importância de sempre estimular, dinamizar e incentivar determinados processos, atividades e pontos de vista.

Passivo ambiental – conjunto de dívidas reais ou potenciais que o homem, a empresa ou a propriedade possui com relação à natureza, por estar em não conformidade com a legislação ou procedimentos ambientais propostos.

PDCA – ferramenta que implica a melhoria de todos os processos de fabricação ou de negócios.

As siglas derivam dos seguintes verbos, em inglês, e correspondem a:

- *Plan* – planejar;
- *Do* – executar;
- *Check* – verificar;
- *Act* – agir.

Pólipo de coral – animal imóvel ligado a um substrato rígido semelhante a uma flor com galho preso a uma superfície estável. Possui tentáculos e se reproduz assexualmente.

Política ambiental – conjunto de diretrizes e ações de uma empresa em relação à preservação do meio ambiente.

Política da sustentabilidade – conjunto de compromissos estabelecidos por uma empresa que atua segundo o desenvolvimento sustentável. Baseia-se na relação entre desempenho econômico, responsabilidade social e responsabilidade ambiental, isto é, há uma associação dos objetivos comerciais da empresa à responsabilidade socioambiental.

Pragmatismo – sistema filosófico de William James, que subordina a verdade à utilidade e reconhece a primazia da ação sobre o pensamento.

Pré-auditoria – análise prévia e crítica que visa à diminuição do risco da não obtenção de certificação por problemas de adequação à norma de referência. Seu papel é essencial, pois, após sua realização, é apresentado, à empresa, um relatório com todos os pontos que devem ser corrigidos antes da realização da auditoria de certificação, evitando maiores problemas.

Precipitador eletrostático – equipamento usado na remoção de partículas de fumaça, poeira, alcatrão, gases de combustão ou de outras correntes gasosas. Uma carga elétrica é adicionada às partículas, que são mecanicamente coletadas em um eletrodo.

Primeira Conferência Mundial do Clima – conferência convocada pela OMM em 1979, com o objetivo de debater a necessidade de proteger o clima global.

Private equity – fundos de investimentos que aplicam seus recursos a médio e longo prazos em empresas promissoras de pequeno e médio portes, de capital fechado, ou seja, cujas ações não são negociadas em bolsas de valores.

Produção Mais Limpa (P+L) – estratégia técnica, econômica e ambiental que é integrada aos processos de uma empresa, e também a seus produtos e serviços, visando não gerar ou atenuar geração de resíduos. A aplicação do modelo de Produção Mais Limpa permite um aumento de lucratividade e competitividade, pois combate a poluição e reduz os riscos ambientais.

Programa Brasileiro de Eliminação da Produção e Consumo das Substâncias que Destroem a Camada de Ozônio (PBCO) – programa responsável pela elaboração de estratégias normativas, científicas, tecnológicas e econômicas, para a eliminação de produção e consumo de substâncias que ameaçam e destroem a camada de ozônio. De acordo com as restrições impostas por esse programa, um dos ideais visados é a eliminação definitiva dos CFCs até o ano de 2007.

Programa das Nações Unidas para o Meio Ambiente (Pnuma) – agência do Sistema ONU, criada em 1972, responsável por catalisar a ação internacional e nacional para a proteção do meio ambiente no contexto do desenvolvimento sustentável. Tem sede no Quênia e atua em cinco escritórios regionais, além de outros parceiros.

Protocolo de Montreal – tratado internacional aceito por alguns países comprometidos, a partir de então, com a substituição de substâncias que demonstrassem reagir com o ozônio, comprometendo ainda mais sua camada.

O protocolo, que entrou em vigor em 1987, exigiu cortes de 50% em relação aos níveis de consumo dos principais CFCs até o ano de 1999 e, para isso, passou por diversas revisões.

Protocolo de Quioto – resultado da Terceira Conferência das Partes da Convenção das Nações Unidas sobre Mudanças Climáticas, realizada no Japão, em 1997, após discussões que se estendiam desde 1990. Oficialmente, entrou em vigor em 16 de fevereiro de 2005, depois que a Rússia o ratificou em novembro de 2004, e estabelece, conforme o art. 3º e parágrafo 1º, que as partes incluídas no anexo I – países que têm metas a serem cumpridas – devem, individual e coletivamente, assegurar que suas emissões antrópicas agregadas sejam expressas em dióxido de carbono equivalente (CO_2eq) dos gases de efeito estufa (GEEs) listados no anexo A. É importante lembrar que CO_2eq é uma medida internacionalmente aceita que expressa a quantidade de GEEs em termos equivalentes da quantidade de dióxido de carbono e seu potencial de aquecimento global, geralmente medido em 100 anos.

Por exemplo, o potencial de aquecimento global do metano é 21, e do óxido nitroso é 310. Isso significa que a emissão de 1 milhão de toneladas métricas de metano e óxido nitroso é equivalente a emissões de 21 e 310 milhões de toneladas métricas de dióxido de carbono, respectivamente. Não excedem suas quantidades atribuídas, calculadas em conformidade com seus compromissos quantificados de limitação e redução de emissões descritos no anexo B e de acordo com as disposições deste artigo, com vistas a reduzir as emissões totais desses gases em, pelo menos, 5% dos níveis de 1990 no período de compromisso de 2008 a 2012.

Prozon – Comitê Executivo Interministerial para a Proteção da Camada de Ozônio, é a entidade pertencente ao governo brasileiro responsável por coordenar todas as atividades que se relacionam, de alguma forma, ao Programa Brasileiro de Proteção da Camada de Ozônio.

Constitui-se pelos ministérios do Meio Ambiente, Desenvolvimento, Indústria e Comércio, Relações Exteriores, Ciência e Tecnologia, Fazenda, Saúde e Agricultura.

R

4 Rs – conceitos relacionados à responsabilidade socioambiental e muito importantes para o uso sustentável dos recursos e controle da poluição.

A expressão 4Rs surge das propostas relacionadas à *redução* de poluição, à *reutilização*, à *reciclagem* interna e à *recuperação* energética, que são decisivas para a questão da sustentabilidade.

Rachel Carson – zoóloga e bióloga. Escreveu *Primavera silenciosa*, livro ao qual se dá o crédito de ter lançado o movimento ambiental global e que teve um efeito imenso nos Estados Unidos, onde promoveu uma reversão na política nacional dos pesticidas.

Raio ultravioleta – radiação proveniente da luz solar que pode atingir a Terra e, consequentemente, a pele dos seres. Tal radiação pode ser de três tipos, ultravioleta A, B e C, sendo que o último não atinge o planeta.

Tanto o UV-A quanto o UV-B representam grandes perigos à pele humana, podendo causar sérias queimaduras e alterações celulares que propiciam o câncer de pele.

Redução de Emissões por Desmatamento e Degradação Florestal (REDD) – termo introduzido pela ONG Coalization for Rainforest Nations, que entrou na carta de intenções – durante a COP 11 de 2005, em Montreal, Canadá, as Partes Papua-Nova Guiné e Costa Rica propuseram a inclusão do REDD ao Protocolo de Quioto como alternativa para evitar o desmatamento em países tropicais. Isso significa que não desmatar as florestas poderá render dinheiro do exterior.

Registro – de acordo com a definição da norma NBR ISO 9000: "documento que apresenta os resultados obtidos ou fornece as evidências de atividade realizada".

Relatório Brundtland – relatório da Comissão Mundial das Nações Unidas para o Meio Ambiente e o Desenvolvimento, também conhecido como *Our common future* (Nosso futuro comum).

Esse relatório traduziu algumas preocupações com o meio ambiente que já se instalavam na sociedade e definiu novos paradigmas que passaram a nortear as relações humanas a partir de então. Apresentou, pela primeira vez, o conceito de desenvolvimento sustentável. Recebeu esse nome devido ao fato de o encontro ter sido presidido por Gro Harlem Brundtland, primeira-ministra da Noruega, em 1987.

Responsabilidade social corporativa – práticas éticas que visam conciliar as esferas econômica, ambiental e social, gerando um cenário compatível com a expansão das atividades das empresas, obedecendo às exigências dos consumidores, à pressão de grupos sociais organizados, à legislação e às regras comerciais.

Proteção ambiental, desenvolvimento de produtos mais seguros e menos nocivos à natureza, cumprimento de normas éticas e trabalhistas durante todo o processo de produção são exemplos dessas práticas.

Retornabilidade – recuperação da embalagem integral pós-consumo para desempenhar a mesma função a que, originalmente, fora destinada. O sistema está associado à embalagem de vidro – garrafas principalmente. A embalagem retornável reduz o consumo de matérias-primas e diminui o impacto ambiental.

Rio-92 – forma pela qual ficou conhecida a Conferência das Nações Unidas sobre Meio Ambiente e Desenvolvimento (Cnumad), realizada no Rio de Janeiro, em 1992.

Rotulagem ambiental – atribuição de um selo ou rótulo a um produto ou serviço para comunicar informação acerca de seus aspectos ambientais.

Rótulo ambiental – selo ou rótulo que apresenta informações a respeito dos aspectos ambientais de um determinado produto.

Rótulo voluntário – surgido na década de 1970, indica se um produto foi cultivado sem agrotóxicos. Esse rótulo pode ser fornecido por entidades ambientais ou pelo próprio agricultor.

S

Segunda Conferência Mundial do Clima – reunião que ocorreu em 1990, responsável por enormes progressos relacionados às questões das mudanças climáticas. Estabeleceu, após o desenvolvimento de diversas discussões, a necessidade da criação de um tratado para a atuação nessa área, sendo este atualmente conhecido como Convenção-Quadro sobre as Mudanças Climáticas.

Setor produtivo – segmento econômico responsável pela produção dos mais variados bens, influenciando, de alguma forma, o crescimento da atividade econômica do país. O setor primário – responsável pela produção de matérias-primas – é um exemplo de setor produtivo.

Sistema de gestão ambiental (SGA)/*environmental management system* (EMS) – parte do sistema global de gestão de uma organização por meio da qual esta controla seus aspectos ambientais, ou seja, atividades, produtos e processos que provocam – ou podem vir a provocar – impactos ambientais.

Smog – conceito derivado das palavras inglesas *smoke* e *fog* traduzidas literalmente para o português como fumaça e neblina. É uma mistura química composta por poluentes presentes na atmosfera, ou seja, gases emitidos pelas indústrias, automóveis e casas, provenientes dos processos de combustão. Sua maior incidência se dá nos locais com altos níveis de poluição.

***Stakeholders*/partes interessadas** – grupo interessado no negócio da empresa, como:

- acionistas esperando retorno de investimento;
- funcionário interessado em remuneração adequada e desafios;
- clientes interessados na qualidade e no preço do produto ou serviço comprado;
- comunidade interessada no zelo ambiental;
- governo interessado em mais postos de trabalho e recolhimento de impostos.

Os *stakeholders* podem ser:

- internos – colaboradores, proprietários, entre outros;
- externos – grupos de influência.

Sustainable Asset Management (SAM) – gestora de recursos sediada em Zurique, na Suíça, e especializada em empresas comprometidas com a responsabilidade social e ambiental. Avalia os investimentos voltados para a sustentabilidade empresarial.

Sustentabilidade empresarial – a empresa é sustentável não apenas quando respeita o meio ambiente. Sua sustentabilidade também dependerá de sua competitividade, de sua relação com o meio ambiente natural e de sua responsabilidade social.

T

Tratado Amazônico – tratado firmado por Brasil, Bolívia, Colômbia, Equador, Guiana, Suriname, Peru e Venezuela em 1978, só ganhou *status* de organização internacional em 1998.

Também conhecido como *Merconorte*, é campo de articulação entre políticas industriais e agrícolas, cooperação tecnológica e científica, e colaboração no domínio político e cultural entre os países envolvidos.

Tratado da Bacia do Prata – tratado assinado por Argentina, Bolívia, Brasil, Paraguai e Uruguai em abril de 1969. Tem o objetivo de permitir harmônico desenvolvimento e excelente aproveitamento dos recursos naturais da Bacia do Prata, assegurando sua preservação para as gerações futuras por meio da utilização racional dos recursos.

Tratamento de fim de tubo – tratamento eficaz de efluentes líquidos, emissões atmosféricas e resíduos sólidos e semissólidos, caracteriza-se por, simplesmente, tratar os poluentes gerados nos processos produtivos e de consumo, sem se preocupar com sua redução ou eliminação. Não chega a ser considerado um processo de prevenção de poluição.

U

União Europeia – bloco econômico, político e social estabelecido em 1958, como Comunidade Econômica Europeia, ou Mercado Comum Europeu. Seus fundadores foram motivados pelo desejo de integração política.

A princípio, a integração econômica era apenas um instrumento para a integração política. Todavia, na evolução da União, a esfera econômica acabou por dominar o processo de integração.

United Nations Educational, Scientific and Cultural Organization (Unesco) – agência especializada da Organização das Nações Unidas (ONU) para a educação, a ciência e a cultura. Foi deliberada em novembro de 1945. Promovendo a colaboração entre as nações por meio dessas três áreas, busca contribuir para a paz e a segurança, estimulando o respeito universal pela justiça e a obediência à lei e aos direitos humanos, sem distinção de raça, sexo, língua ou religião.

United Nations Framework Convention on Climate Change (UNFCCC) – união criada na Conferência das Nações Unidas para o Ambiente e Desenvolvimento, no Rio de Janeiro, em 1992, ECO 92.

Tem como objetivo estabilizar as concentrações de gases do efeito estufa em níveis que não impliquem alterações climáticas perigosas. Pretende-se ainda controlar as emissões dentro de níveis que permitam uma adaptação natural e progressiva dos ecossistemas às alterações climáticas. Todos os países pertencentes à Organização das Nações Unidas fazem parte da UNFCCC.[27]

V

Vantagem competitiva – conjunto de fatores fundamentais que influem na diferenciação de produtos e serviços oferecidos por uma empresa dentro de um ambiente de concorrência econômica.

Visão empresarial – resumo dos objetivos, metas, aspirações e filosofias da empresa. A visão tem de funcionar como a personalidade da empresa.

---

[27] Para saber mais sobre a UNFCCC, acesse <www.unfccc.int>.

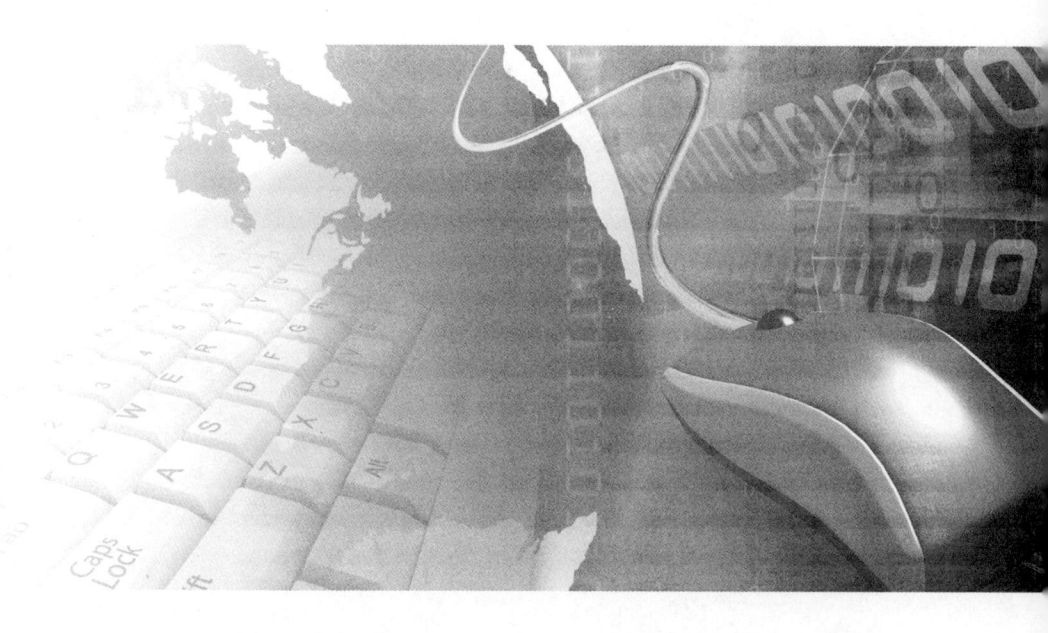

Autoavaliações – Gabaritos e comentários

Módulo I – Desenvolvimento sustentável

Questão 1:

Gabarito: a

a) recurso produtivo estupidamente desperdiçado.
b) matéria-prima que impede a geração de resíduos.
c) matéria-prima barata e bem utilizada pelas empresas.
d) recurso natural bem preservado para gerações futuras.

Comentários:

Hoje, a poluição é considerada como um recurso natural – recurso produtivo – mal preservado para as futuras gerações, diferente do modo como era vista no passado.

Questão 2:

Gabarito: c

a) avaliar os indicadores que medem o desenvolvimento sustentável.
b) reduzir impactos ambientais e aumentar o uso de recursos naturais.
c) proporcionar melhor qualidade de vida para todos os seres humanos.
d) maximizar os recursos não renováveis e reduzir impactos ambientais.

Comentários:

Ecoeficiência significa inserção, no mercado, de bens ou serviços que satisfazem as necessidades humanas:

- proporcionando melhor qualidade de vida;
- considerando o ciclo inteiro de vida da produção;
- reduzindo impactos ambientais e o uso de recursos naturais;
- identificando a capacidade de o planeta suportar tal demanda.

Questão 3:

Gabarito: b

a) hoje/interno.
b) hoje/externo.
c) amanhã/interno.
d) amanhã/externo.

Comentários:

A reputação e a legitimidade de uma empresa estão situadas no segundo quadrante (hoje/externo), em que as partes externas da empresa (os *stakeholders*) estão inclusos. Sem a inclusão acertada dos interesses dos *stakeholders*, o direito de funcionamento e de produção de uma empresa pode ser questionado.

Questão 4:

Gabarito: d

a) crescimento e proliferação das ONGs.
b) consumo crescente de recursos naturais.
c) ampliação progressiva da visão corporativa.
d) produção de enormes benefícios econômicos.

Comentários:

A industrialização produz enormes benefícios econômicos e, ao mesmo tempo, gera significativa quantidade de poluição. A industrialização também mantém o consumo, em uma taxa crescente, de matérias-primas, recursos naturais e combustíveis fósseis.

Questão 5:

Gabarito: a

a) desenvolvimento sustentável.
b) conduta antiética e irresponsável.
c) evolução tecnológica desenfreada.
d) distorção de informações nas ONGs.

Comentários:

O desenvolvimento sustentável promove um posicionamento transparente e responsável por parte de empresas e governos. Isso ocorre por conta dessa comunidade globalizada, que é ativa e bem informada.

Questão 6:

Gabarito: c

a) visualizar os benefícios econômicos como secundários.
b) manter as mesmas formas de diálogos com *stakeholders*.
c) manter o foco imparcial sobre atuais realidades econômicas.
d) visualizar a poluição como mal necessário ao desenvolvimento.

Comentários:

As lideranças empresariais aprendem a pensar vários movimentos à frente com a incorporação do desenvolvimento sustentável aos negócios. Essa mudança ocorre em termos de valores sociais, ambientais e novas formas de diálogo com os *stakeholders*. Além disso, as lideranças aprendem a manter o foco imparcial sobre as atuais realidades econômicas e de mercado.

Questão 7:

Gabarito: d

a) EUA, União Europeia e China.
b) ONGs, governos e sociedade civil.
c) Nações Unidas, Unesco e ONGs.
d) **empresas, sociedade civil e governos.**

Comentários:

De modo gradativo, as empresas começaram a ocupar lugares nas conferências de cúpula das Nações Unidas e em outras reuniões de caráter internacional. Esse fato dividiu o mundo em governos, sociedade civil e empresas.

Questão 8:

Gabarito: c

a) o capital social da empresa, crucial para os negócios globalizados.
b) a influência de políticos em ONGs por causa de poder econômico.
c) **o grau de sofisticação das ONGs em suas atividades e campanhas.**
d) a aliança entre corporações multinacionais e ONGs contra governos.

Comentários:

As empresas perceberam que perderiam muito se ignorassem as ONGs, pelo fato de essas organizações não governamentais terem grau elevado de sofisticação em suas atividades e campanhas. Há também um grande interesse por parte dessas empresas em gerenciar, de forma positiva, sua reputação – ativo de importância crucial para os negócios globalizados.

Questão 9:

Gabarito: d

a) produzidos para satisfazer as mesmas necessidades.
b) necessários e assegurem sua prosperidade no futuro.
c) menos onerosos, menos industrializados e recicláveis.
d) fabricados em conformidade com direitos trabalhistas.

Comentários:

Pelo fato de os consumidores refletirem uma maior sensibilidade ecológica e ética, eles estão exigindo de empresas garantias de que seus produtos sejam seguros, tenham sido produzidos em condições que satisfaçam os direitos dos trabalhadores e não degradem o meio ambiente nas fases de produção, consumo ou descarte.

Questão 10:

Gabarito: b

a) das empresas em relação à poluição.
b) do país em relação à sustentabilidade.
c) das empresas em relação ao lucro anual.
d) do país em relação à produção de energia.

Comentários:

A ausência de metas faz com que os indicadores não tenham sentido, pois não podemos saber se representam progresso ou retrocesso em uma determinada área. Com indicadores e metas, podemos avaliar o desempenho do país com relação à sustentabilidade.

Módulo II – Gestão ambiental

Questão 1:

Gabarito: c

a) causa fenômenos naturais normais.
b) está habituada a alterações climáticas.
c) **muda o ritmo das alterações climáticas.**
d) produz alterações climáticas lentamente.

Comentários:

As alterações climáticas são aceleradas, de forma irresponsável, pela intensificação da atividade humana. Por isso, atualmente, o meio ambiente é redefinido constantemente.

Questão 2:

Gabarito: c

a) as baixas temperaturas dos polos.
b) os períodos glaciais e interglaciais.
c) **o aumento gradual da temperatura.**
d) a variação de temperatura no deserto.

Comentários:

A atividade humana tem sido responsável pela crescente geração de gases de efeito estufa. Esses gases reduzem a camada de ozônio que envolve o globo terrestre, gerando um aquecimento global.

Questão 3:

Gabarito: d

a) obteve resultados práticos suficientes.
b) criou um acordo com veiculação das metas.
c) estabeleceu o chamado Tratado Amazônico.
d) **marcou um período de incerteza energética.**

Comentários:

Depois da crise econômica de 2008, os preços da energia estão destinados a sofrer novos choques. Será possível ver esse efeito sobre energias fósseis que estão indexadas ao preço do petróleo e sobre o carvão, que terá a vantagem da demanda para aumentar seus preços.

Questão 4:

Gabarito: c

a) ricos disponibilizam financiamento para a redução de gases.
b) ricos exigem metas menos audaciosas para a redução dos gases.
c) **em desenvolvimento argumentam a necessidade de crescimento.**
d) em desenvolvimento independem de disponibilização de fundos.

Comentários:

Os países em desenvolvimento argumentam que não podem pôr limites às emissões GEEs sem receber fundos disponíveis para isso. Portanto, esses países necessitam de crescimento. Em contrapartida, os países ricos exigem metas mais audaciosas e não disponibilizam financiamento.

Questão 5:

Gabarito: b

a) ecossistema.
b) biodiversidade.
c) meio ambiente.
d) impacto ambiental.

Comentários:

A diversidade biológica – ou biodiversidade – significa a variabilidade de organismos vivos de todas as origens. Além disso, compreende todos os ecossistemas e a diversidade dentro de espécies, de ecossistemas e entre espécies.

Questão 6:

Gabarito: a

a) espacial.
b) temática.
c) institucional.
d) governamental.

Comentários:

A gestão ambiental envolve três dimensões:

- espacial – define a abrangência em que as ações de gestão atuam;
- institucional – define o alcance institucional e os agentes responsáveis;
- temática – define as questões ambientais envolvidas.

Questão 7:

Gabarito: b

a) global, regional e local.
b) empresa, governo e sociedade.
c) nacional, empresarial e governo.
d) instituições, setorial e ambiental.

Comentários:

Os principais componentes da dimensão institucional são empresa, governo, sociedade e instituições.

Questão 8:

Gabarito: a

a) pode adquirir proporções de escala internacional.
b) representa parte do lucro da empresa responsável.
c) se restringe aos limites do país onde a empresa atua.
d) torna a empresa mais competitiva internacionalmente.

Comentários:

Como a degradação ambiental representa um custo para a empresa responsável, isso irá onerar o custo do produto, diminuindo sua capacidade de competir internacionalmente. Isso acontece porque, muitas vezes, a degradação ambiental pode adquirir dimensões internacionais.

Questão 9:

Gabarito: a

a) **eficiente de insumos.**
b) de normas de segurança.
c) eficaz de políticas públicas.
d) de tecnologia de remediação.

Comentários:

O uso eficaz de insumos evita a poluição e gera lucro para a organização. Uma vez aproveitando ao máximo esses insumos, evitamos o desperdício e o acúmulo de poluentes no meio ambiente. Além disso, os recursos poupados podem ser investidos na produção e nos funcionários.

Questão 10:

Gabarito: c

a) reativa.
b) periódica.
c) **estratégica.**
d) esporádica.

Comentários:

A abordagem ambiental estratégica trata, de forma sistemática, as questões ambientais para proporcionar valores aos componentes de negócio da empresa e dotá-la de vantagens competitivas sustentáveis.

Módulo III – Sistemas de gestão ambiental

Questão 1:

Gabarito: a

a) melhorar a imagem da empresa.
b) ater-se às demandas da legislação.
c) ignorar as pressões de *stakeholders*.
d) ditar regras do mercado internacional.

Comentários:

A implantação do SGA propicia uma abordagem estratégica da questão ambiental, não só atendendo à legislação, mas também adicionando valor ao negócio, melhorando a imagem da empresa, e atendendo às legislações e às demandas dos *stakeholders*.

Questão 2:

Gabarito: c

a) organização, planejamento, controle e motivação.
b) organização, planejamento, implementação e punição.
c) planejamento, implementação, organização e controle.
d) planejamento, implementação, monitoramento e controle.

Comentários:

Segundo proposta do ICC, os quatro elementos da gestão ambiental compõem-se de planejamento, organização, implementação e controle. Esses elementos são importantes para alcançar desenvolvimento sustentável em relação aos objetivos estabelecidos, bem como no atendimento das constantes mudanças na regulação, nos riscos, e nas pressões sociais, econômicas e competitivas.

Questão 3:

Gabarito: d

a) controle.
b) organização.
c) planejamento.
d) implementação.

Comentários:

A avaliação e a gestão dos riscos, o gerenciamento dos comprometimentos e a revisão de projetos e programas ambientais, segundo a proposta da ICC, fazem parte da implementação do SGA.

Questão 4:

Gabarito: c

a) processo de legislação ambiental aplicado em empresas.
b) processo de melhoria contínua das empresas envolvidas.
c) instrumento de melhoria da atuação ambiental empresarial.
d) instrumento limitado ao cumprimento da legislação ambiental.

Comentários:

O Sistema Comunitário de Ecogestão e Auditoria é um instrumento voluntário dirigido às empresas que pretendem avaliar e melhorar sua atuação ambiental. Além disso, o Emas ainda tem a função de informar aos *stakeholders* seu desempenho – não se limitando ao cumprimento da legislação ambiental nacional e comunitária existente.

Questão 5:

Gabarito: d

a) auditoria ambiental.
b) avaliação de desempenho.
c) sistema de gestão ambiental.
d) programa ambiental específico.

Comentários:

Com relação às organizações, as áreas temáticas da família ISO 14000 tratam do sistema de gestão ambiental, da auditoria ambiental e da avaliação de desempenho ambiental. Existem, também, normas aplicáveis a processos e produtos, que apresentam outras áreas temáticas – rotulagem ambiental, avaliação do ciclo de vida e aspectos ambientais em normas de produtos.

Questão 6:

Gabarito: c

a) analisa o resultado das auditorias.
b) é um requisito estratégico obrigatório.
c) avalia impactos ambientais significativos.
d) ignora o registro de acidentes ambientais.

Comentários:

A avaliação ambiental não é obrigatória, mas recomendável. No entanto, ela influencia o desenvolvimento do planejamento empresarial, pois avalia:

- a legislação e os regulamentos aplicáveis;
- os impactos ambientais significativos;
- o estado da arte da gestão ambiental atual;
- os registros de acidentes, incidentes e infrações ambientais.

Questão 7:

Gabarito: a

a) rastrear a atividade, o produto ou o serviço envolvido.
b) assegurar a conformidade com uma política ambiental.
c) conter regulamentos que representem metas da empresa.
d) servir como instrumento no processo de melhoria contínua.

Comentários:

As informações contidas nos registros devem ser legíveis e identificáveis, permitindo rastrear a atividade, o produto ou o serviço envolvido. Devido a sua importância, é fundamental que os registros sejam arquivados e mantidos de maneira que permitam sua imediata recuperação, sendo protegidos de deterioração, avarias ou perda.

Questão 8:

Gabarito: b

a) certificação.
b) ação corretiva.
c) avaliação crítica.
d) política ambiental.

Comentários:

A ação corretiva é realizada para eliminar as causas de não conformidades existentes ou situações indesejáveis, evitando uma nova ocorrência de tais situações.

Questão 9:

Gabarito: c

a) voluntária ou involuntária.
b) média ou de terceira parte.
c) interna ou de primeira parte.
d) externa ou de segunda parte.

Comentários:

A auditoria classificada como *interna* ou de *primeira parte* é aquela realizada pela própria organização para uma autoavaliação do sistema de gestão ambiental. Os demais tipos de auditoria são realizados por clientes; ou por terceiros, por força legal ou para a obtenção de certificação.

Questão 10:

Gabarito: b

a) elimina a subjetividade desde o início dos estudos.
b) é uma descrição imperfeita do sistema de produção.
c) dispensa uma revisão crítica feita por um especialista.
d) é adotada por um número cada vez menor de empresas.

Comentários:

A limitação da ferramenta de análise do ciclo de vida deve-se a um potencial de incerteza relativo à qualidade dos dados e a certa subjetividade que pode estar presente desde o início dos estudos.

Bibliografia comentada

ACOT, P. *História da ecologia*. Rio de Janeiro: Campus, 1990.

O livro é um competente resumo de tudo o que foi dito e escrito sobre ecologia nas últimas décadas. No entanto, seu capítulo mais interessante trata dos hábitos e das atividades humanas desde os hominídeos.

BARBIERE, J. *Gestão ambiental empresarial*. São Paulo: Saraiva, 2004.

Todos os temas desse livro são desenvolvidos a partir do confronto de opiniões durante as últimas décadas, com o objetivo de apresentar alternativas para as ações de gestão empresarial e mostrar as dificuldades no trato de assuntos tão polêmicos como aqueles decorrentes da relação empresa-meio ambiente.

CHEHEBE, J. R. *Análise do ciclo de vida de produtos*: ferramenta gerencial da ISO 14000. Rio de Janeiro: Qualitymark/CNI, 1998.

O livro fornece as informações necessárias para um perfeito entendimento do que é *análise do ciclo de vida de produtos* e de como realizá-la de forma ética e responsável, com base na Norma ISO 14000.

COMISSÃO mundial sobre meio ambiente e desenvolvimento. *Nosso futuro comum*. Rio de Janeiro: Fundação Getulio Vargas, 1991.

No Relatório Brundtland – como ficou conhecido mundialmente o relatório *Nosso futuro comum*, de 1987, em homenagem a Gro Harlem Brundtland, ex-primeira-ministra da Noruega e presidente da referida comissão –, a *sustentabilidade global* foi definida como "a habilidade das sociedades para satisfazer às necessidades do presente sem comprometer a possibilidade das futuras gerações de atenderem a suas próprias necessidades".

HOLLIDAY, C. et al. *Cumprindo o prometido*: casos de sucesso de desenvolvimento sustentável. Rio de Janeiro: Campus, 2002.

> Essa obra defende a tese de que a formação de uma parceria global entre governos, empresas e sociedade civil é essencial para que as transformações cada vez mais velozes em direção à globalização maximizem oportunidades para todos – e, em especial, para os pobres.

MAY, P. H.; MOTTA, R. S. *Valorando a natureza*: análise econômica para o desenvolvimento sustentável. Rio de Janeiro: Campus, 1994.

> Os autores, economistas ambientais renomados, já em 1994, buscavam responder a perguntas e ampliar as discussões sobre importantes questões – ainda atuais –, tais como "De que forma a análise econômica pode contribuir para um desenvolvimento em bases ecologicamente sustentáveis? Quais são as questões distributivas entre países e gerações futuras que precisam ser consideradas? Que instrumentos de planejamento devem ser elaborados para uma questão ambiental eficiente? Qual a agenda de pesquisa que a ciência econômica deve seguir para ampliar sua interface com as ciências ambientais?".

NORTH, K. *Environmental business management.* Genebra: International Labor Office, 1994.

> Segundo North, o sistema de gestão ambiental facilita o processo de gerenciamento, proporcionando vários benefícios às organizações. North enumera os benefícios da gestão ambiental, que são utilizados, obrigatoriamente, em todos os textos que tratam do assunto.

PORTER, M. E. *Competição*: estratégias competitivas essenciais. Rio de Janeiro: Campus, 1999.

> As ideias apresentadas neste livro baseiam-se nos fundamentos subjacentes à competição, independentemente das especificidades relacionadas à forma como as empresas competem.

Autor

Ricardo Luiz Peixoto de Barros graduou-se em ciências biológicas pela Universidade do Estado do Rio de Janeiro em 1980. Concluiu pós-graduação em engenharia do meio ambiente pela Universidade Federal do Rio de Janeiro e MBA Executivo pela Coppead/UFRJ. Possui especializações técnicas em auditoria ambiental (Eara-Batalas), monitoramento ambiental (Jica-Japão) e Produção Mais Limpa (CNTL – Unido/Unep). Ocupou posições técnicas em diversas organizações científicas brasileiras, tais como o Instituto de Pesquisas da Marinha e a Comissão Executiva do Plano da Lavoura Cacaueira. Atuou como especialista e gerente técnico dos Centros de Tecnologia Ambiental do Sesi-DN e da Federação das Indústrias do Rio de Janeiro, ambos orientados para prestação de serviços ambientais e ocupacionais para a comunidade industrial brasileira. É consultor e professor de MBA da FGV Management.

FGV Online

Missão

Desenvolver e gerenciar tecnologias, metodologias e soluções específicas de educação a distância, sob a responsabilidade acadêmica das escolas e dos institutos da FGV, no âmbito nacional e internacional, liderando e inovando em serviços educacionais de qualidade.

Visão

Ser referência internacional na distribuição de produtos e serviços educacionais inovadores e de alta qualidade na educação a distância.

Cursos oferecidos

O FGV Online oferece uma grande variedade de tipos de cursos, desde atualizações até especializações e MBA:

- cursos de atualização;
- cursos de aperfeiçoamento;
- graduação;
- MBAs e cursos de especialização;
- soluções corporativas;
- cursos gratuitos (OCWC).

Cursos de atualização

Os cursos de atualização de 30 a 60 horas visam atender ao mercado de educação continuada para executivos. Professores-tutores – capacitados em educação a distância e especialistas na área em que atuam –

orientam os participantes. Vídeos, animações e jogos didáticos auxiliam a apreensão dos conteúdos apresentados nos cursos.

Os cursos de atualização são destinados aos interessados em rever e aprimorar suas atividades profissionais, além de interagir com profissionais da área. São cursos práticos que podem ser aplicados em seu dia a dia rapidamente. Para a realização dos cursos, é recomendável já ter cursado uma graduação.

Os cursos de atualização do FGV Online são veiculados, essencialmente, via internet. A utilização de diversos recursos multimídia fomenta a busca de informações, a reflexão sobre elas e a reconstrução do conhecimento, além de otimizar a interação dos alunos entre si e com o professor-tutor, responsável pelo suporte acadêmico à turma.

O curso tem duração aproximada de nove semanas.

Cursos de aperfeiçoamento

Os cursos de aperfeiçoamento de 120 a 188 horas são voltados para a formação e o desenvolvimento de competências gerenciais estratégicas com ênfases em áreas do conhecimento específicas. Para a realização dos cursos de aperfeiçoamento, é recomendável já ter cursado uma graduação.

Graduação

Os Cursos Superiores de Tecnologia a distância são cursos de graduação direcionados a profissionais que pretendam se apropriar de novas ferramentas e técnicas de gestão.

Considerando que, nos mercados competitivos, só sobrevivem as empresas que contam com a criatividade, a flexibilidade e a eficácia de seus colaboradores, os Cursos Superiores de Tecnologia visam atender tanto às organizações que buscam qualificar seus executivos quanto aos que não conseguem dar continuidade a sua formação, seja por falta de tempo para participar de cursos presenciais, seja porque não existem, na cidade em que residem, instituições de ensino superior.

Os Cursos Superiores de Tecnologia são diplomados pela Escola Brasileira de Administração Pública e de Empresas da Fundação Getulio

Vargas (Ebape/FGV). O diploma dos Cursos Superiores de Tecnologia, realizados a distância, contempla as mesmas especificações e tem idêntico valor ao dos diplomas das graduações presenciais.

MBAs e cursos de especialização

Tendo como pré-requisito o diploma de graduação, os MBAs e cursos de especialização a distância destinam-se a executivos que desejam se especializar em suas áreas de atuação, aliando conhecimento e *networking* profissional para acompanhar as frequentes mudanças no competitivo mercado de trabalho.

A metodologia do curso contempla, além do trabalho com diferentes ferramentas de internet, encontros presenciais, realizados em polos espalhados por todas as regiões do Brasil.

As disciplinas do curso são elaboradas por professores da FGV, enquanto os professores-tutores discutem o conteúdo, orientam atividades e avaliam trabalhos dos alunos no ambiente virtual de aprendizagem, via internet.

Os MBAs e cursos de especialização do FGV Online têm, no mínimo, 360 horas, e apresentam opções em diversas áreas de conhecimento:

- MBA Executivo em Administração de Empresas com ênfase em Gestão;
- MBA Executivo em Administração de Empresas com ênfase em Meio Ambiente;
- MBA Executivo em Administração de Empresas com ênfase em Recursos Humanos;
- MBA Executivo em Direito Empresarial;
- MBA Executivo em Direito Público;
- MBA Executivo em Finanças com ênfase em *Banking*;
- MBA Executivo em Finanças com ênfase em Controladoria e Auditoria;
- MBA Executivo em Finanças com ênfase em Gestão de Investimentos;
- MBA Executivo em Gestão e *Business Law*;
- MBA Executivo em Gestão Pública;
- MBA Executivo em Marketing;
- Especialização em Administração Judiciária;
- Especialização em Gestão da Construção Civil;

- Especialização em Gestão de Pequenas e Médias Empresas;
- Especialização em Negócios para Executivos – GVnext.

O MBA Executivo em Administração de Empresas é certificado, pela European Foundation for Management Development (EFMD), com o selo CEL, que avalia e certifica a qualidade dos programas das escolas de negócios.

Além dessas opções, o FGV Online possui dois MBAs internacionais: o MBA Executivo Internacional em Gerenciamento de Projetos (em parceria com a University of California – Irvine) e o Global MBA (em parceria com a Manchester Business School), que são programas destinados a executivos, empreendedores e profissionais liberais que, precisando desenvolver suas habilidades gerenciais, querem uma exposição internacional sem precisar sair do país.

Soluções corporativas

Definidas em parceria com o cliente, as soluções corporativas do FGV Online possibilitam que os colaboradores da empresa – lotados em diferentes unidades ou regiões, no país ou no exterior – tenham acesso a um único programa de treinamento ou de capacitação.

É possível ter, em sua empresa, todo o conhecimento produzido pelas escolas e unidades da FGV, na forma de educação a distância (*e-learning*). São soluções e produtos criados pela equipe de especialistas do FGV Online, com o objetivo de atender à necessidade de aprendizado no ambiente empresarial e nas universidades corporativas.

Os cursos corporativos do FGV Online são acompanhados por profissionais que, responsáveis pelo relacionamento empresa-cliente, elaboram todos os relatórios, de modo a registrar tanto todas as etapas do trabalho quanto o desempenho dos participantes do curso.

Cursos gratuitos (OCWC)

A Fundação Getulio Vargas é a primeira instituição brasileira a ser membro do OpenCourseWare Consortium (OCWC), um consórcio de instituições de ensino de diversos países que oferecem conteúdos e materiais didáticos sem custo, pela internet.

O consórcio é constituído por mais de 300 instituições de ensino de renome internacional, entre elas a Escola de Direito de Harvard, o Instituto de Tecnologia de Massachusetts (MIT), a Universidade da Califórnia (Irvine) e o Tecnológico de Monterrey, entre outras, provenientes de 215 países.

Atualmente, o FGV Online oferece mais de 40 cursos gratuitos – há programas de gestão empresarial, de metodologia de ensino e pesquisa, cursos voltados a professores de ensino médio, um *quiz* sobre as regras ortográficas da língua portuguesa, entre outros –, sendo alguns deles já traduzidos para a língua espanhola. A carga horária dos cursos varia de cinco a 30 horas.

Membro do OCWC desde julho de 2008, o FGV Online venceu, em 2011, a primeira edição do OCW People's Choice Awards – premiação para as melhores iniciativas dentro do consórcio –, na categoria de programas mais inovadores e de vanguarda. Em 2012, o FGV Online venceu, pelo segundo ano consecutivo, dessa vez na categoria de recursos mais envolventes.

Para saber mais sobre todos os cursos do FGV Online e fazer sua inscrição, acesse <www.fgv.br/fgvonline>.

Esta obra foi produzida nas
oficinas da Imos Gráfica e Editora na
cidade do Rio de Janeiro